中等职业教育“十三五”规划教材
中职中专会计专业系列教材

基础会计

王朝辉　主编
刘菲菲　肖　勇　副主编

科学出版社
北京

内 容 简 介

本书的编写遵循中职学生的认识规律，解决中职学生学习入门难的问题；立足会计工作的实际需要，使学生能够真正理解会计基本理论并进行实际操作；满足教师课堂教学需求，实现教、学、做合一。全书共分7章，内容包括会计凭证、企业基本经济业务的核算、会计账簿、成本计算、财产清查、账务处理程序和财务会计报告。

本书可供中等职业学校会计专业、会计电算化专业、市场营销专业的学生使用。

图书在版编目（CIP）数据

基础会计/王朝辉主编．—北京：科学出版社，2017
（中等职业教育“十三五”规划教材·中职中专会计专业系列教材）
ISBN 978-7-03-054981-5

Ⅰ．①基…　Ⅱ．①王…　Ⅲ．①会计学－中等专业学校－教材
Ⅳ．①F230

中国版本图书馆 CIP 数据核字（2017）第 258747 号

责任编辑：贾家琛　李　娜 / 责任校对：刘玉靖
责任印制：吕春珉 / 封面设计：艺和天下

科学出版社出版
北京东黄城根北街 16 号
邮政编码：100717
http://www.sciencep.com
三河市骏杰印刷有限公司印刷
科学出版社发行　各地新华书店经销
*
2017 年 11 月第　一　版　开本：787×1092　1/16
2020 年 6 月第三次印刷　印张：15 3/4
字数：373 000

定价：38.00 元
（如有印装质量问题，我社负责调换〈骏杰〉）
销售部电话 010-62136230　编辑部电话 010-62135763-2041

前言

目前中职中专财会类教材种类繁多，各具特色，教材编写也越来越注重直观性、仿真性。作为中职会计专业的基础课程，“基础会计”课程在教学中面临学生入门难、提不起学习兴趣等难题。因此，编者力求解决这两大难题，为学生学好专业知识和专业技能奠定良好的基础，也为教师课堂教学提供方便而编写了本书。

本书的编写依据学生的认知规律，结合中职学生的学习特点和学习现状，从认识原始凭证开始，将学生引入会计学科领域，使其对会计有一定的感性认识，然后学习会计的基本理论。以往的教学，教师往往一开始就从会计认知、会计要素、会计等式、会计科目和会计账户等内容入手，让学生接受大量的会计理论，使其不仅学得枯燥，而且难以理解。会计专业的中职学生，原本对专业课程的学习充满热情和渴望，但入门阶段不适宜的教学会导致学生上课听不懂、学习跟不上，渐渐就没了学习兴趣，甚至产生厌倦会计课程学习的情绪。本书对会计知识的顺序加以调整，符合中职学生学习的实际情况，也符合以感性认识为基础，发展和深化为理性认识的认识过程。

本书以《企业会计准则》《中等职业学校专业教学标准（试行）财经商贸类》中的会计专业教学标准及相关会计制度为编写依据，体现产教融合，满足社会和用人单位对会计专业人才的需求，以及企业会计工作的实际需要。本书选取仿真案例，运用了大量仿真的会计凭证，既有利于学生对会计基本理论的理解，也有利于提高学生对会计岗位的感性认识。同时，为方便教师课堂教学，本书设置“小提示”模块，对于一些拓展性的知识或容易出现理解偏差的知识进行强调；设置“小练习”模块，方便教师根据学生在课堂上的具体情况进行教学互动，通过学中做、做中学，体现教、学、做合一，检测学生的学习效果，提高学生的学习兴趣，培养学生的思考能力和动手操作能力，为后续专业课程的学习打下良好基础。另外，每章后附有配套练习题，教师可以根据学生实际布置，使学生通过练习达到教学目标的要求。

本书教学学时分配参考建议如下：

教学学时分配参考表

课程内容	建议学时
第一章　会计凭证	40
第二章　企业基本经济业务的核算	40
第三章　会计账簿	16

续表

课程内容	建议学时
第四章　成本计算	16
第五章　财产清查	12
第六章　账务处理程序	8
第七章　财务会计报告	12
合计	144

本书由长沙财经学校王朝辉担任主编，负责拟定编写大纲及全书总纂工作；邵阳计算机学校刘菲菲和宁乡职业中专学校肖勇担任副主编。具体编写分工如下：第一章由长沙财经学校范喜美、向兰编写，第二章由刘菲菲、邵阳计算机学校欧阳志宏编写，第三章由长沙财经学校潘月梅和长沙县职业中专学校王漾编写，第四章由王朝辉和浏阳市职业中专学校罗艳编写，第五章由长沙财经学校王朝霞编写，第六章由肖勇、宁乡职业中专学校肖纯编写，第七章由长沙财经学校楚立可和望城职业中专学校张银芳编写。

编者在编写本书的过程中得到了长沙财经学校领导和财经商贸教研室老师，以及长沙市王朝霞中职教育（财经类）特色工作室的大力支持，在此深表感谢。

由于编者经验和水平有限，书中难免存在不足之处，敬请读者批评指正。

编　者

2017年8月

目　录

第一章　会 计 凭 证

学习目标

● 知识目标

1. 了解会计的概念、职能和对象。
2. 理解会计要素、会计科目和会计凭证的概念及基本分类。
3. 熟悉借贷记账法下的账户结构和记账规则。

● 技能目标

1. 学会正确运用会计科目、编制会计分录。
2. 能够识别、填制和审核原始凭证。
3. 能够根据有关经济业务或原始凭证，编制记账凭证。

第一节　原 始 凭 证

日常生活中，人们参加一次聚会、游览一个景点都会拍照留影，照片就是证明人们参加聚会或游览景点的凭据。一个企业每天都在发生各种各样的经济业务，发生的经济业务同样需要凭据来证明，如收钱应有进账单、发货应有出库单等。这样的凭据在会计上称为原始凭证。

一、原始凭证的概念

原始凭证又称单据，是在经济业务发生或完成时取得或填制的，用以记录或证明经济业务的发生和完成情况，并作为记账原始依据的书面证明。一切经济业务的发生，都应由有关部门或人员向会计部门提供原始凭证。原始凭证能够证明所记录的经济业务的实际情况，证明执行或完成该项经济业务的有关部门或人员所负的经济责任，因而，它可以作为记账的原始依据并具有法律效力。

小提示

原始凭证主要起证明经济业务实际发生和完成情况的作用，因此，凡不能证明经济业务已执行或完成的书面文件，如请购单、派工单、购销合同等，均不能作为原始凭证，只能当作主要原始凭证的附件。

二、原始凭证的种类

1. 原始凭证按来源分为外来原始凭证和自制原始凭证

1）外来原始凭证

外来原始凭证是指在经济业务发生或完成时，从其他单位或个人直接取得的原始凭证，如购买材料时从供货方取得的增值税专用发票或普通发票，银行转来的各种结算凭证，职工出差取得的飞机票、火车票等。以增值税专用发票为例，外来原始凭证格式如凭证 1-1 所示。

凭证 1-1

增值税专用发票 No

发 票 联

开票日期：

<table>
<tr><td>购货单位</td><td colspan="4">名　　称：
纳税人识别号：
地 址、电 话：
开户行及账号：</td><td>密码区</td><td colspan="3">8821*4/-12<0<9-＋3-*3*040331
4412>355-01132*62/25/5-2*12　加密版本：01
7＋8*71068＋4-35＋</583/5<-*04
03314412>355-01/*72＋7**1*><</td></tr>
<tr><td colspan="2">货物或应税劳务名称</td><td>规格型号</td><td>单位</td><td>数量</td><td>单价</td><td>金额</td><td>税率</td><td>税额</td></tr>
<tr><td colspan="2">合　计</td><td></td><td></td><td></td><td></td><td></td><td></td><td></td></tr>
<tr><td colspan="2">价税合计（大写）</td><td colspan="7">（小写）</td></tr>
<tr><td>销货单位</td><td colspan="4">名　　称：
纳税人识别号：
地址、电 话：
开户行及账号：</td><td>备注</td><td colspan="3"></td></tr>
</table>

第三联　发票联　购货方记账凭证

收款人：　　复核：　　开票人：　　销货单位（章）：

2）自制原始凭证

自制原始凭证是指由本单位内部经办业务的部门和人员，在执行或完成某项经济业务时填制的、仅供本单位内部使用的原始凭证，如仓库保管人员按规定手续填制的收料单，车间或部门向仓库领用材料时填写的领料单等。以领料单为例，自制原始凭证的格式如凭证 1-2 所示。

凭证 1-2

领 料 单

领用部门：

用途： 年 月 日 编号：

材料编号	材料名称	规格	计量单位	请领数量	实发数量	备注

第三联 记账联

领料人： 发料人：

2. 原始凭证按填制手续及方法分为一次凭证、累计凭证和汇总凭证

1）一次凭证

一次凭证是指一次填制完成，只记录一笔经济业务的原始凭证。一次凭证是一次有效的凭证。外来原始凭证和大部分自制原始凭证都属于一次凭证。

2）累计凭证

累计凭证是指在一定时期内多次记录发生的同类型经济业务的原始凭证。累计凭证是多次有效的原始凭证，如限额领料单（凭证 1-3）。

凭证 1-3

限额领料单

领料部门： 领字第 号

用 途： 仓库 号

<table>
<tr><td rowspan="2">材料编号</td><td rowspan="2">材料名称</td><td rowspan="2">材料规格</td><td rowspan="2">计量单位</td><td rowspan="2">领用限额</td><td colspan="3">实发</td><td rowspan="2">计划投产量</td><td rowspan="2">消耗定额</td></tr>
<tr><td>数量</td><td>实际或计划单价</td><td>金额</td></tr>
<tr><td></td><td></td><td></td><td></td><td></td><td></td><td></td><td></td><td></td><td></td></tr>
</table>

<table>
<tr><td rowspan="2">日期</td><td colspan="3">领用</td><td rowspan="2">扣除代领数量</td><td colspan="3">退料</td><td rowspan="2">限额结余</td></tr>
<tr><td>数量</td><td>发料人</td><td>领料人</td><td>数量</td><td>收料人</td><td>退料人</td></tr>
<tr><td></td><td></td><td></td><td></td><td></td><td></td><td></td><td></td><td></td></tr>
<tr><td></td><td></td><td></td><td></td><td></td><td></td><td></td><td></td><td></td></tr>
<tr><td>合计</td><td></td><td></td><td></td><td></td><td></td><td></td><td></td><td></td></tr>
</table>

生产计划部门负责人： 供应部门负责人： 仓库负责人：

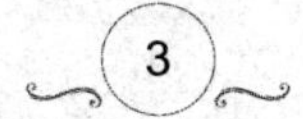

3）汇总凭证

汇总凭证也称原始凭证汇总表，指对一定时期内反映经济业务内容相同的若干张原始凭证，按照一定标准综合填制的原始凭证，如材料耗用汇总表（凭证 1-4）。

凭证 1-4

材料耗用汇总表

年　月　日

领料用途	A			B			C			D			E			合计
	数量	单价	金额	数量	单价	金额	数量	单价	金额	数量	单价	金额	数量	单价	金额	
合计																

会计主管：　　记账：　　审核：　　制表：

3. *原始凭证按格式分为通用凭证和专用凭证*

1）通用凭证

通用凭证是指由有关部门统一印制，在一定范围内使用的，具有统一格式和使用方法的原始凭证，如增值税专用发票、现金支票等。

2）专用凭证

专用凭证是指由单位自行印制，仅在本单位内部使用的原始凭证，如收料单、领料单等。

三、原始凭证的基本内容

不同的原始凭证记录不同的经济业务，其内容格式不尽相同，但任何一张原始凭证必须同时具备一些相同的内容，这些内容称为原始凭证的基本内容或基本要素。以增值税专用发票为例（凭证 1-5），原始凭证的基本内容包括如下几项：

（1）原始凭证的名称。

（2）填制原始凭证的日期及凭证的编号。

（3）填制凭证单位名称或填制人姓名。

（4）填制单位和有关人员（部门负责人、经办人员）的签名或盖章。

（5）接受原始凭证单位名称（抬头）。

（6）经济业务内容（含数量、单价及金额）。

（7）凭证附件。

凭证 1-5

湖南增值税专用发票 No 0128421

发 票 联

开票日期：2017 年 02 月 12 日

购货单位		密码区	
名　　称：	长沙顺达机电设备制造有限公司		8821*4/-12<0<9-＋3-*3*040331　加密版本：01
纳税人识别号：	430109845689895		4412>355-01132*62/25/5-2*12
地 址、电 话：	长沙市劳动中路 108 号 0731-84295089		7＋8*71068＋4-35＋</583/5<-*04
开户行及账号：	中国工商银行长沙劳动路支行 110237687230018997		03314412>355-01/*72＋7**1*><　0128421

货物或应税劳务名称	规格型号	单位	数量	单价	金额	税率	税额
空调		台	5.00	4 000.00	20 000.00	17%	3 400.00
合　计			5.00		￥20 000.00		￥3 400.00
价税合计（大写）	人民币贰万叁仟肆佰元整						（小写）￥23 400.00

销货单位		备注
名　　称：	长沙福乐商场	长沙福乐商场 080745652501090 发票专用章
纳税人识别号：	080745652501090	
地 址、电 话：	0731-84375450	
开户行及账号：	中国银行开福支行 818457890879	

收款人：　　复核：张含光　　开票人：李天乐　　销货单位：（章）

第三联 发票联 购货方记账凭证

四、原始凭证的填制

为保证会计基础工作的规范，保证会计信息符合质量要求，在原始凭证填制过程中应遵守如下要求：

（1）记录要真实。原始凭证所填列的经济业务内容和数字，必须真实可靠，符合实际情况。

（2）内容要完整。原始凭证所要求填列的项目必须逐项填列齐全，不得遗漏和省略。

（3）手续要完备。单位自制的原始凭证必须要有经办单位领导人或者其他指定人员的签名或盖章；对外开出的原始凭证必须加盖本单位的公章；从外部取得的原始凭证，必须盖有填制单位的公章；从个人取得的原始凭证，必须有填制人员的签名或盖章。

（4）书写要清楚、规范。原始凭证要按规定填写，文字要简约，字迹要清楚、易于辨认，不得使用未经国务院公布的简化汉字。具体包括：

① 大小写金额必须相符且填写规范，小写金额用阿拉伯数字逐个书写，不得写连笔字。

② 在小写金额前要填写人民币符号“￥”，人民币符号“￥”与阿拉伯数字之间不得留有空白。

③ 金额数字一律填写到角、分，无角、分的，写“00”或“—”；有角无分的，分位写“0”，不得写“—”。

④ 大写金额用汉字壹、贰、叁、肆、伍、陆、柒、捌、玖、拾、佰、仟、万、亿、元、角、分、零、整或正等，一律用正楷或行书体书写。

⑤ 大写金额前未印有“人民币”字样的，应加写“人民币”三个字，“人民币”字样和大写金额之间不得留有空白。

⑥ 大写金额到元或角为止的，后面要写“整”或“正”字；有分的，不写“整”或“正”字，如小写金额为“￥1 008.00”，大写金额为“人民币壹仟零捌元整”。

小提示

填写票据（如支票）时，票据的出票日期必须使用中文大写。在填写月、日时，月为壹、贰和壹拾的，日为壹至玖和壹拾、贰拾和叁拾的，应在其前加“零”字；日为拾壹至拾玖的，应在其前加“壹”字。例如，2 月 12 日，应写成零贰月壹拾贰日；10 月 20 日，应写成零壹拾月零贰拾日。票据出票日期使用阿拉伯数字填写的，银行不予受理。

（5）编号要连续。如果原始凭证已预先印定编号，在写坏作废时，应加盖“作废”戳记，妥善保管，不得撕毁。

（6）不得涂改、刮擦、挖补。原始凭证有错误的，应当由出具单位重开或更正，更正处应当加盖出具单位的印章。原始凭证金额有错误的，应当由出具单位重开，不得在原始凭证上更正。

（7）填制要及时。各种原始凭证一定要及时填写，并按规定的程序及时送交会计机构、会计人员进行审核。

【例 1-1】长沙顺达机电设备制造有限公司 2017 年 9 月 17 日从长沙市明星工厂购买不锈钢板（材料编号 Q235B）10 吨，单价 3 500 元，金额 35 000 元，增值税税率为 17%，增值税税额为 5 950 元，价税合计 40 950 元。材料已入库，货款采用转账支票结算。企业具体资料如下：

（1）长沙顺达机电设备制造有限公司属于增值税一般纳税人，增值税税率为 17%。纳税人识别号：430109845689895，地址、电话：长沙市劳动中路 108 号 0731-84295089，开户行及账号：中国工商银行长沙劳动路支行 110237687230018997。该公司单位主管：崇德，会计：尚技。

（2）长沙市明星工厂为增值税一般纳税人，增值税税率为 17%。纳税人识别号：

430101582501090，地址、电话：长沙市远大二路 80 号 0731-84632457，开户行及账号：中国工商银行马王堆支行 1102024894392673839。

要求：（1）为长沙顺达机电设备制造有限公司填写转账支票和收料单。

（2）为长沙市明星工厂填写增值税专用发票和进账单。

解析：（1）转账支票如凭证 1-6 所示，收料单如凭证 1-7 所示。

（2）增值税专用发票如凭证 1-8 所示，进账单如凭证 1-9 所示。

凭证 1-6

中国工商银行
转账支票存根

附加信息

出票日期 2017 年 9 月 17 日

收款人：长沙市明星工厂
金　额：￥40 950.00
用　途：购买材料

单位主管：崇德　会计：尚技

付款期限自出票之日起十天

中国工商银行　转账支票

出票日期（大写）贰零壹柒年零玖月壹拾柒日　付款行名称：110237687230018997

收款人：长沙市明星工厂　出票人账号：工行长沙劳动路支行

人民币（大写）	肆万零玖佰伍拾元整	亿	千	百	十	万	千	百	十	元	角	分
					￥	4	0	9	5	0	0	0

用途 购买材料　密码

上列款项请从我账户内支付　行号

出票人签章　长沙顺达机电设备制造有限公司财务专用章　陈天印

复核　记账

凭证 1-7

收　料　单

2017 年 9 月 17 日　单位：元

名称	规格	计量单位	数量		实际成本				
			应收	实收	买价		运杂费	其他	合计
					单价	金额			
不锈钢板	Q235B	吨	10.00	10.00	3 500.00	35 000.00	0.00	0.00	35 000.00
合计			10.00	10.00		￥35 000.00	0.00	0.00	￥35 000.00

主管：崇德　验收：文明　采购：和谐　制单：民主

小提示

支票是指出票人（存款人）签发的、委托银行在见票时无条件支付确定的金额给收款人（持票人）的票据。支票分为现金支票和转账支票。持票人从银行提取现金时，应将现金支票交给银行，留下现金支票存根作为减少银行存款的原始凭证。采用转账支票用于货款结算时，出票人应将转账支票交给银行或持票人，留下转账支票存根作为减少银行存款的原始凭证。收款人应填写进账单连同转账支票交给银行，银行盖章后退回的进账单收账通知作为收款人增加银行存款的原始凭证。

凭证 1-8

湖南增值税专用发票　　No 62134

此联不作报销、扣税凭证使用

开票日期：2017 年 09 月 17 日

购货单位	名　　称：长沙顺达机电设备制造有限公司 纳税人识别号：430109845689895 地 址、电 话：长沙市劳动中路 108 号 0731-84295089 开户行及账号：中国工商银行长沙劳动路支行 110237687230018997				密码区	8821*4/-12<0<9-＋3-*3*040331 4412>355-01132*62/25/5-2*12 7＋8*71068＋4-35＋</583/5<-*04 03314412>355-01/*72＋7**1*> 加密版本：01 62134	
货物或应税劳务名称	规格型号	单位	数量	单价	金额	税率	税额
不锈钢板	Q235B	吨	10.00	3 500.00	35 000.00	17%	5 950.00
合　　计			10.00		¥35 000.00		¥5 950.00
价税合计（大写）	人民币肆万零玖佰伍拾元整						（小写）¥40 950.00
销货单位	名　　称：长沙市明星工厂 纳税人识别号：430101582501090 地 址、电 话：长沙市远大二路 80 号 0731-84632457 开户行及账号：中国工商银行马王堆支行 1102024894392673839				备注	长沙顺达机电设备制造有限公司 430510984568989 发票专用章	

收款人：　　复核：张含光　　开票人：李天乐　　销货单位：（章）

第一联　记账联　销货方记账凭证

凭证 1-9

中国工商银行进账单（收账通知） 3

2017 年 9 月 17 日

<table>
<tr><td rowspan="3">出票人</td><td>全　称</td><td colspan="3">长沙顺达机电设备制造有限公司</td><td rowspan="3">收款人</td><td>全　称</td><td colspan="11">长沙市明星工厂</td><td rowspan="6">收款人开户银行交给收款人的收账通知</td></tr>
<tr><td>账　号</td><td colspan="3">110237687230018997</td><td>账　号</td><td colspan="11">1102024894392673839</td></tr>
<tr><td>开户银行</td><td colspan="3">中国工商银行长沙劳动路支行</td><td>开户银行</td><td colspan="11">中国工商银行马王堆支行</td></tr>
<tr><td rowspan="2">金额</td><td rowspan="2">人民币（大写）</td><td colspan="5" rowspan="2">肆万零玖佰伍拾元整</td><td>亿</td><td>千</td><td>百</td><td>十</td><td>万</td><td>千</td><td>百</td><td>十</td><td>元</td><td>角</td><td>分</td></tr>
<tr><td></td><td></td><td></td><td>¥</td><td>4</td><td>0</td><td>9</td><td>5</td><td>0</td><td>0</td><td>0</td></tr>
<tr><td colspan="2">票据种类</td><td>转账支票</td><td>票据张数</td><td>1</td><td colspan="13" rowspan="3">中国工商银行
长沙五一路支行
20170917
办讫章
开户银行签章</td></tr>
<tr><td colspan="2">票据号码</td><td colspan="3">62134</td></tr>
<tr><td colspan="3">复核</td><td colspan="2">记账</td></tr>
</table>

小练习 1-1

长沙市明星工厂 2017 年 9 月 18 日向长沙市天胜工厂销售甲材料（编号 A68，规格 87G）900 件，单价 50 元，金额 45 000 元，增值税税率为 17%，增值税税额为 7 650 元，价税合计 52 650 元。货物已发出，款项采用转账支票结算。长沙市明星工厂其他资料同例 1-1。

长沙市天胜工厂资料如下：

纳税人识别号：430102051699222；地址、电话：长沙市芙蓉区万家丽路 15 号，84620555；开户行及账号：中国工商银行万家丽支行；账号：6222351234560155858。保管：刘为；验收：杨静；采购：陈星；记账：沈单单。

要求：（1）为长沙市明星工厂填写增值税专用发票（凭证 1-10）和进账单（凭证 1-11）。

（2）为长沙市天胜工厂填写转账支票（凭证 1-12）和收料单（凭证 1-13）。

凭证 1-10

增值税专用发票

No

发　票　联

开票日期：

<table>
<tr><td>购货单位</td><td colspan="3">名　　　称：
纳税人识别号：
地 址、电 话：
开户行及账号：</td><td>密码区</td><td colspan="4">8821*4/-12<0<9-+3-*3*040331
4412>355-01132*62/25/5-2*12　加密版本：01
7+8*71068+4-35+</583/5<-*04
03314412>355-01/*72+7**1*><</td><td rowspan="5">第三联 发票联 购货方记账凭证</td></tr>
<tr><td colspan="2">货物或应税劳务名称</td><td>规格型号</td><td>单位</td><td>数量</td><td>单价</td><td>金额</td><td>税率</td><td>税额</td></tr>
<tr><td colspan="2">合　计</td><td></td><td></td><td></td><td></td><td></td><td></td><td></td></tr>
<tr><td colspan="2">价税合计（大写）</td><td colspan="7">（小写）</td></tr>
<tr><td>销货单位</td><td colspan="3">名　　　称：
纳税人识别号：
地址、　电话：
开户行及账号：</td><td>备注</td><td colspan="4"></td></tr>
</table>

收款人：　　复核：　　开票人：　　销货单位：（章）

凭证 1-11

进账单（回单） 1

年　月　日

出票人	全　称		收款人	全　称	
	账　号			账　号	
	开户银行			开户银行	

金额	人民币（大写）	亿	千	百	十	万	千	百	十	元	角	分

票据种类		票据张数		
票据号码				
复核　记账				开户银行签章

此联是开户银行交给持票人的回单

凭证 1-12

中国工商银行
转账支票存根

附加信息

出票日期　年　月　日

收款人：
金　额：
用　途：

单位主管：　会计：

中国工商银行　转账支票

付款期限自出票之日起十天

出票日期（大写）　年　月　日　付款行名称：
收款人：　出票人账号：

人民币（大写）		亿	千	百	十	万	千	百	十	元	角	分

用途　　密码

上列款项请从　　行号

我账户内支付

出票人签章　　复核　记账

凭证 1-13

收 料 单

年　月　日　　　　单位：元

名称	规格	计量单位	数量		实际成本				
			应收	实收	买价		运杂费	其他	合计
					单价	金额			
合计									

验收：　　　　采购：　　　　记账：　　　　保管：

小提示

会计主体是会计核算和监督的特定单位或组织，是企业会计确认计量和报告的空间范围。如例 1-1 中，处理购买方的业务时，顺达机电设备制造有限公司为会计主体，处理销售方的业务时，明星工厂为会计主体。会计主体、持续经营、会计分期、货币计量这四项称为会计基本假设，是企业会计确认、计量、记录和报告的前提，是对会计核算所处时间、空间环境等所做的合理设定。

五、原始凭证的审核

会计机构、会计人员必须对原始凭证进行严格审核。只有审核无误的原始凭证才能作为记账的依据。

1. 审核的内容

1）审核原始凭证的合法性

原始凭证合法性审核主要是审核原始凭证上记载的经济业务是否有违反国家法律法规的情况，是否履行了规定的凭证传递和审核程序，是否有贪污腐化等行为。

2）审核原始凭证的真实性

原始凭证真实性审核主要包括凭证日期是否真实、业务内容是否真实、数据是否真实等。外来原始凭证，必须有填制单位公章和填制人员签章；自制原始凭证，必须有经办部门和经办人员的签名或盖章。

3）审核原始凭证的合理性

原始凭证合理性审核主要是审核原始凭证所记载的经济业务是否符合企业生产经营活动的需要，是否符合有关的计划和预算等。

4）审核原始凭证的正确性

原始凭证正确性审核主要是审核原始凭证各项数字金额的计算及填写是否正确，大小写金额是否一致，数字和文字的书写是否清楚，有无刮、擦、挖、补、涂改、伪造等现象。

5）审核原始凭证的完整性

原始凭证完整性审核是指审核原始凭证格式是否符合规定要求、各项要素是否齐全、内容是否完整、有关人员签章是否齐全、凭证联次是否正确等。如果手续不完备，则应由经办人员补办。

6）审核原始凭证的及时性

原始凭证及时性审核是指审核原始凭证在经济业务发生或完成时，是否及时填制和传递。

2. 审核后的处理

（1）对于完全符合要求的原始凭证，应及时据以编制记账凭证入账。

（2）对于真实、合法、合理但内容不够完整、填写有错误的原始凭证，应退回给有关经办人员，由其负责将有关凭证补充完整、更正错误或重开后，再办理正式会计手续。原始凭证的更正方法如下：①原始凭证所记载的各项内容均不得涂改，随意涂改的原始凭证为无效凭证。②原始凭证记载内容有错误的，应当由开具单位重开或更正，并在更正处加盖出具单位印章。③原始凭证金额出现错误的，不得更正，只能由原始凭证出具单位重开。

（3）对于不真实、不合法的原始凭证，会计机构和会计人员有权不予接受，并向单位负责人报告。

小提示

会计信息质量要求是对企业财务会计报告中所提供的高质量会计信息的基本规范，是使财务会计报告中所提供的会计信息有助于投资者等使用者做出决策应具备的基本特征。《企业会计准则》规定的会计信息质量要求包括可靠性、相关性、可理解性、可比性、实质重于形式、重要性、谨慎性和及时性八个方面。

第二节 会计概述

一、会计的概念及特征

1. 会计的概念

会计是以货币为主要计量单位，运用专门的方法，核算和监督一个单位经济活动的一种经济管理工作。

2. 会计的基本特征

1）会计以货币作为主要计量单位

货币并不是会计的唯一计量单位。经济活动中通常使用劳动计量（工时、工作日等）、实物计量（千克、千米、辆、件等）和货币计量三种计量单位。

2）会计采用一系列专门方法

会计方法是指用来核算监督会计内容、完成会计任务的手段。会计方法包括会计核算方法、会计分析方法、会计检查方法等。

3）会计的本质是管理活动

会计产生于人们管理社会和经济事务的过程当中。从单位内部看，每一个管理环节都离不开会计人员的参与；从宏观经济中看，会计是国民经济管理的重要基础和组成部分。所以，会计是一种经济管理活动。

二、会计的对象

会计的对象是指会计核算和监督的内容。凡是特定主体能够以货币表现的经济活动，都是会计的对象。以货币表现的经济活动通常称为资金运动。因此，会计的对象就是资金运动。任何单位的资金都要经过资金的投入、资金的循环与周转（即运用）和资金的退出这样一个运动过程，但具体运动形式并不完全相同。

会计核算的内容是指应当进行会计核算的经济业务事项。具体包括：

（1）款项和有价证券的收付。款项是作为支付手段的货币资金，主要包括库存现金、银行存款及其他视同现金和银行存款的银行汇票存款、银行本票存款、信用卡存款、信用证存款等。有价证券是指表示财产拥有权或支配权的证券，如国库券、股票、公司债券等。款项和有价证券是流动性最强的资产。

（2）财物的收发、增减和使用。财物是财产、物资的简称，是一个单位进行或维持生产经营、业务活动并且具有实物形态的经济资源，一般包括原材料、燃料、周转材料、在产品、库存商品等流动资产和房屋、建筑物、机器、设备、设施、运输工具等固定资产。

（3）债权、债务的发生和结算。债权是单位收取款项的权利，一般包括各种应收和预付款项等，如应收账款、应收票据、其他应收款、预付账款等。债务是指企业承担的需要偿付的现时义务，一般包括短期借款、应付账款、应付票据和预收账款、应付职工薪酬、应交税费、应付股利、长期借款、应付债券等。

（4）资本的增减。资本是投资者为开展生产经营活动而投入的资金。会计上的资本专指所有者权益中的投入资本，包括实收资本（股本）和资本公积。资本是企业进行生产经营活动的必要条件，是现代企业明晰产权关系的重要标志。

（5）收入、支出、费用、成本的计算。收入是指企业在日常活动中形成的、会导致所有者权益增加的、与所有者投入资本无关的经济利益的总流入。支出是指单位实际发生的各项开支，以及在正常生产经营活动以外的支出和损失。费用是指企业在日常活动中发生的、会导致所有者权益减少的、与向所有者分配利润无关的经济利益的总流出。成本是指企业为生产产品、提供劳务而发生的各种耗费，是按一定种类和数量的产品和劳务对象所归集的费用，是对象化了的费用。

（6）财务成果的计算和处理。财务成果主要是指在一定时期内通过从事生产经营活动而在财务上所取得的结果，具体表现为盈利或者亏损。财务成果的计算和处理一般包括利润总额的计算、所得税的计算、净利润的计算、利润分配或者亏损弥补等。

（7）需要办理会计手续、进行会计核算的其他事项。

三、会计的目标

会计的目标也称会计目的，是要求会计工作完成的任务或达到的标准，即向财务会计报告使用者提供与企业财务状况、经营成果和现金流量等有关的会计信息，反映企业管理层受托责任履行情况，有助于财务会计报告使用者做出经济决策。会计的目标主要包括向信息使用者提供对决策有用的会计信息和向资源的提供者报告资源受托管理的情况两个方面。

四、会计的基本职能

会计的职能是指会计在经济管理过程中所具有的功能。会计具有核算和监督两项基本职能。

1. 核算职能

会计核算贯穿于经济活动的全过程，它是会计最基本的职能，也称反映职能。会计的核算职能是指会计以货币为主要计量单位，对特定主体的经济活动进行确认、计量和报告，为各有关方面提供会计信息的功能。

2. 监督职能

会计的监督职能又称会计的控制职能，是指对特定主体经济活动和相关会计核算的真实性、合法性和合理性进行监督检查。

3. 会计核算职能与监督职能的关系

会计的核算职能和监督职能是相辅相成、辩证统一的关系。会计核算是会计监督的基础，会计监督是会计核算的质量保证。没有核算所提供的各种信息，监督就失去了依据；没有监督所提供的质量保障，核算就很难做到真实、可靠。会计核算与监督共同贯穿于经济活动的全过程，在事前、事中、事后都发挥着管理作用，以保证正确、及时、完整地反映经济活动。

五、会计的核算方法

会计的核算方法是指对各单位经济活动进行连续、系统、全面的记录、计算、反映和监督所应用的方法。会计核算有七种专门方法。

1. 设置会计科目和账户

会计科目和账户是对会计核算内容的分类，也是登记经济业务的工具。有了会计科目和账户，就可以有序地、分类地将各项经济业务的数据记入账户，从而分门别类地提供各种有用的数据和信息，供决策者使用。所以，设置会计科目和账户是会计记录的一种重要方法。

2. 复式记账

复式记账是指任何一项经济业务都要在两个或两个以上账户中相互联系地进行登记。采用复式记账方法既能够全面、完整、相互联系地反映经济业务，又有利于检查账簿记录是否正确。复式记账是一种科学的记账方法。

3. 填制和审核会计凭证

会计凭证是记录经济业务，明确经济责任的书面证明，是登记账簿的依据。任何一项经济业务都要按照实际发生和完成情况，填制会计凭证，并经会计机构、会计人员审核，确认无误后，才能据以登记会计账簿。严格实行会计凭证制度是会计核算的一个重要特点，也是会计特有的一种专门方法。

4. 登记会计账簿

登记会计账簿简称记账。会计账簿是由具有专门格式的账页所组成，用来开设账户，以连续、系统地记录各项经济业务的簿籍，它可以为经营管理和编制会计报表提供所需要的数据资料。登记会计账簿必须以凭证为依据，要定期核对账目和结账，使账簿记录与实际情况保持一致，保证账簿记录的真实性和完整性。所以，登记会计账簿也有一套专门方法。

5. 成本计算

成本计算主要是指产品生产成本的计算。它要求会计核算中要按照一定的对象归集费用，并计算和确定该对象的总成本和单位成本。成本计算也是对财产物资进行计量的一种专门方法。

6. 财产清查

财产清查包括盘点实物和核对账目，在查明各项财产物资和资金的实有数额后和账面数额进行核对，以确定账实是否相符；如有不符，则须对账簿记录进行调整。财产清查是会计核算过程中不可缺少的一个环节。

7. 编制财务会计报告

财务会计报告是指以账簿记录为依据，采用表格和文字形式，将会计数据提供给信息使用者的书面报告。提供会计信息是会计核算的重要环节，必须遵循真实、可靠和有用等原则，及时地向会计信息使用者提供信息。

会计核算的七种方法是一种相互联系、相互配合的完整的方法体系。其中，设置会计科目和账户是进行会计核算的准备工作，复式记账是会计核算所使用的特有方法，填制和审核会计凭证、登记会计账簿和编制财务会计报告是会计核算工作的三个基本环节。成本计算和财产清查需要在账簿记录的基础上完成。各单位每发生一笔经济业务或会计事项，首先要填制和审核会计凭证，然后再按规定的账户，采用复式记账的方法登记账簿，期末根据账簿的记录进行成本计算和财产清查，在账实相符的基础上编制会计报告。

第三节 记账凭证

记账凭证是会计人员根据审核无误的原始凭证，按照经济业务事项的内容加以归类，并据以确定会计分录后所填制的会计凭证。记账凭证亦称传票或分录凭证，它是登记账簿的直接依据。

一、记账凭证的基本格式和内容

1. 记账凭证的基本格式

记账凭证的基本格式如凭证 1-14 所示。

凭证 1-14

记账凭证

年　月　日　　　　　　　　　　　　　　字第　号

摘要	总账科目	明细科目	记账√	借方金额										记账√	贷方金额									
				千	百	十	万	千	百	十	元	角	分		千	百	十	万	千	百	十	元	角	分

附件　张

会计主管：　　　　记账：　　　　出纳：　　　　审核：　　　　制单：

2. 记账凭证的内容

记账凭证的基本内容如下：

（1）填制记账凭证的日期。

（2）记账凭证的编号。

（3）经济业务事项的内容摘要。

（4）经济业务事项所涉及的会计科目及其记账方向（借方、贷方）。

（5）经济业务事项的金额。

（6）所附原始凭证张数。

（7）会计主管、记账、出纳、审核、制单等有关人员的签章。

二、会计要素和会计等式

要正确填制记账凭证，必须先理解会计要素，掌握会计科目和会计账户等内容。

1. 会计要素含义及内容

会计要素是对会计对象进行的基本分类，是会计核算对象的具体化。企业会计要素分为六大类，分别是资产、负债、所有者权益、收入、费用和利润。其中，资产、负债和所有者权益反映企业在特定日期的财务状况，是对企业资金运动的静态反映，属于静态要素，是资产负债表的构成要素；收入、费用和利润反映企业在一定时期内的经营成果，是对企业资金运动的动态反映，属于动态要素，是利润表的构成要素。

1）资产

资产是指企业过去的交易或者事项形成的、由企业拥有或者控制的、预期会给企业带来经济利益的资源。资产具有三个特征：预期会给企业带来经济利益；由企业拥有或者控制；由过去的交易或者事项形成。资产可以是货币性的，也可以是非货币性的；可以是有形的，也可以是无形的。资产按流动性分类，可分为流动资产和非流动资产。

流动资产是指预计在一个正常营业周期内或一个会计年度内变现、出售或耗用的资产和现金及现金等价物，主要包括货币资金、应收及预付款项和存货等。

非流动资产是指流动资产以外的资产，主要包括长期股权投资、固定资产、无形资产等。

小提示

含光公司某年6月份与销售方签订了一份采购原材料的合同，约定购销双方于8月份履行合同义务，则含光公司不得依据合同将该批材料确认为资产，应在交易发生后才可确认为资产。

2）负债

负债是指企业过去的交易或者事项形成的、预期会导致经济利益流出企业的现时义务。现时义务是指企业在现行条件下已承担的义务，未来发生的交易或者事项形成的义务不属于现时义务，不得确认为负债。负债具有三个特征：由企业过去的交易或者事项形成；是企业承担的现时义务；预期会导致经济利益流出企业。企业的负债按其流动性可分为流动负债和非流动负债两大类。

流动负债是指在一年或超过一年的一个营业周期内偿还的债务，包括短期借款、应付及预收款项、应交税费、应付职工薪酬等。

非流动负债是指流动负债以外的负债，主要包括长期借款、应付债券和长期应付款等。

3）所有者权益

所有者权益也称为净资产，是指企业资产扣除负债后由所有者享有的剩余权益。公司的所有者权益又称为股东权益。所有者权益的确认和计量主要取决于资产、负债的确认和计量。所有者权益的来源包括所有者投入的资本、直接计入所有者权益的利得和损失，以及留存收益等。所有者权益的构成内容包括实收资本、资本公积、盈余公积和未分配利润等项目。

4）收入

收入是指企业在日常活动中形成的、会导致所有者权益增加的、与所有者投入资本无关的经济利益的总流入。收入分为主营业务收入和其他业务收入。

5）费用

费用是指企业在日常活动中发生的、会导致所有者权益减少的、与向所有者分配利润无关的经济利益的总流出。费用分为生产费用（如材料费用、人工费用和制造费用）和期间费用（如销售费用、管理费用和财务费用）。

6）利润

利润是指企业在一定会计期间的经营成果。利润包括收入减去费用后的净额、直接计入当期利润的利得和损失等。利润可分为营业利润、利润总额和净利润。

2. 会计等式

会计等式又称会计恒等式、会计方程式或会计平衡公式，是表明各会计要素之间基本关系的等式，是制定各项会计核算方法的理论基础。会计等式包括如下几种：

1）资产＝权益（资产＝负债＋所有者权益）

这是会计等式中最基本的等式，也叫财务状况等式。企业的资产来源于所有者的投入资本和从债权人借入的资金，以及企业在生产经营中所产生的效益的积累。资产来源于权益（包括所有者权益和债权人权益），归属于所有者的部分形成所有者权益，归属于债权人的部分形成债权人权益（即企业的负债）。资产与权益必然相等。

在某个特定的时点，资产、负债和所有者权益三者之间存在平衡关系，即资产＝负债＋所有者权益。这是复式记账法的理论基础，也是编制资产负债表的基础。

2）收入－费用＝利润

该等式叫经营成果等式。企业一定时期的收入扣除所发生的各项费用后的净额，经过调整后等于利润。在不考虑调整因素（如直接计入当期利润的利得和损失等）的情况下，收入减去费用等于利润，即收入－费用＝利润。收入、费用和利润之间的上述关系，是编制利润表的基础。

3）资产＝负债＋所有者权益＋（收入－费用）

企业在一定时期内取得的经营成果能够对资产和所有者权益产生影响：收入可导致企业资产增加或负债减少，最终会导致所有者权益增加；费用可导致企业资产减少或负债增加，最终会导致所有者权益减少。所以，一定时期的经营成果必然影响一定时点的财务状况。把一定会计期间的六个会计要素联系起来，就可得到以下公式：

资产＝负债＋所有者权益＋（收入－费用）＝负债＋所有者权益＋利润

3. 经济业务对会计等式的影响

企业在生产经营过程中，每天都会发生各种各样、错综复杂的经济业务，从而引起各会计要素的增减变动，但不管如何发生变动，都不会影响资产与权益的恒等关系，因为经济业务只有以下四种类型。

（1）资金流入企业，资产和权益同时增加。例如，长沙顺达机电设备制造有限公司从银行取得 6 个月期借款 100 000 元，存入公司存款账户。该经济业务的发生使企业的资产（银行存款）增加 100 000 元，负债（短期借款）增加 100 000 元。由于资产与负债同时等额增加，不会破坏会计基本等式的平衡。

（2）资金退出企业，资产和权益同时减少。例如，长沙顺达机电设备制造有限公司以银行存款 10 000 元偿还前欠某单位账款。该经济业务的发生使企业资产（银行存款）减少 10 000 元，负债（应付账款）减少 10 000 元。由于资产与负债同时等额减少，不会破坏会计基本等式的平衡。

（3）资金在资产内部变化，一项资产增加，另一项资产减少。例如，长沙顺达机电设备制造有限公司收回货款 38 000 元存入银行。该经济业务的发生使企业资产（银行存款）增加 38 000 元，另一项资产（应收账款）减少 38 000 元。由于资产发生一增一减，不会破坏会计基本等式平衡。

（4）资金在权益内部变化，一项权益增加，另一项权益减少。例如，长沙顺达机电设备制造有限公司按规定分配给投资者利润 50 000 元，款项尚未支付。该经济业务的发生使企业的负债（应付股利）增加 50 000 元，所有者权益（未分配利润）减少 50 000 元，增减金额相等。由于企业权益总额和资产总额均不变，不会破坏会计基本等式的平衡。

以上经济业务发生引起企业资产和权益增减变化的四种类型中，（1）和（2）引起会计等式“资产＝负债＋所有者权益”两边等额同增或等额同减，（3）和（4）引起会计等式某一边等额增减，但资产总额和权益总额始终是相等的。所以，经济业务发生的这四种类型，虽然会引起会计要素的金额发生增减变动，但不会破坏会计等式。因此，“资产＝负债＋所有者权益”的平衡关系永远成立。

小练习 1–2

甲企业 2017 年 7 月发生下列业务：

（1）收到投资者投入资金 80 000 元存入银行。

（2）取得短期借款 50 000 元存入银行。

（3）以银行存款 40 000 元购买原材料（不考虑增值税）。

（4）购买原材料 10 000 元，货款尚未支付（不考虑增值税）。

（5）从银行存款中提取现金 1 000 元。

（6）以现金 800 元偿还应付账款。

要求：分析经济业务类型及每笔业务发生对会计等式的影响。

三、会计科目与账户

（一）会计科目

1. 会计科目的概念

会计要素将会计对象分为六项，但依旧很抽象。实际工作中，还需提供更具体、详尽的资料满足有关各方对会计信息的需要，这就有必要对会计要素的具体内容进行再分类。

对会计要素的具体内容进行分类核算的项目叫会计科目，简称科目。

小提示

会计对象划分的第一层次是资金运动，第二层次是会计要素，第三层次是会计科目。

2. 会计科目的分类

1）按反映的经济内容分类

会计科目按其反映的经济内容不同，分为资产类科目、负债类科目、共同类科目（本书不涉及）、所有者权益类科目、成本类科目和损益类科目。

资产类科目，是对资产要素的具体内容进行分类核算的科目，按资产的流动性分为反映流动资产的科目和反映非流动资产的科目。

负债类科目，是对负债要素的具体内容进行分类核算的科目，按负债的偿还期限分为反映流动负债的科目和反映非流动负债的科目。

所有者权益类科目，是对所有者权益要素的具体内容进行分类核算的科目，按所有者权益的形成和性质可分为反映资本的科目和反映留存收益的科目。

成本类科目，是对可归属于产品生产成本、劳务成本等的具体内容进行分类核算的科目，按成本的内容和性质的不同可分为反映制造成本的科目、反映劳务成本的科目等。

损益类科目，是对收入、费用等的具体内容进行分类核算，提供一定期间损益相关的会计信息的科目，按其内容不同可以分为反映收入的科目和反映费用的科目。

企业常用的会计科目，如表 1-1 所示。

2）按提供信息的详细程度及其统驭关系分类

会计科目按其提供信息的详细程度及其统驭关系，可以分为总分类科目和明细分类科目。

总分类科目，又称总账科目或一级科目，是对会计要素的具体内容进行总括分类，提供总括信息的会计科目。总分类科目反映各种经济业务的概括情况，是进行总分类核算的依据。总分类科目由国家统一会计制度（会计准则）统一规定。

明细分类科目，又称明细科目，是对总分类科目做进一步分类，提供更详细和具体会计信息的科目。例如，“应交税费”是总分类科目，“应交增值税”就是其明细分类科目；“利润分配”是总分类科目，“未分配利润”就是其明细分类科目。明细科目的设置比较灵活，有的按财产物资的名称设置，如“原材料”是总分类科目，“××材料”就是其明细分类科目；有的按往来单位或个人名称设置，如“应付账款”是总分类科目，“应付××单位账款”就是其明细分类科目。对于明细科目较多的总账科目，可在总分类科目与明细科目之间设置二级科目。

表 1-1　会计科目表

编码	会计科目	编码	会计科目	编码	会计科目
一、资产类科目		1604	在建工程	4103	本年利润
1001	库存现金	1701	无形资产	4104	利润分配
1002	银行存款	1801	长期待摊费用	四、成本类科目	
1012	其他货币资金	1901	待处理财产损溢	5001	生产成本
1101	交易性金融资产	二、负债类科目		5101	制造费用
1121	应收票据	2001	短期借款	5201	劳务成本
1122	应收账款	2201	应付票据	五、损益类科目	
1123	预付账款	2202	应付账款	6001	主营业务收入
1131	应收股利	2203	预收账款	6051	其他业务收入
1132	应收利息	2211	应付职工薪酬	6111	投资收益
1221	其他应收款	2221	应交税费	6301	营业外收入
1231	坏账准备	2231	应付利息	6401	主营业务成本
1401	材料采购	2232	应付股利	6402	其他业务成本
1402	在途物资	2241	其他应付款	6403	营业税金及附加
1403	原材料	2501	长期借款	6601	销售费用
1404	材料成本差异	2502	应付债券	6602	管理费用
1405	库存商品	三、所有者权益类科目		6603	财务费用
1511	长期股权投资	4001	实收资本	6701	资产减值损失
1601	固定资产	4002	资本公积	6711	营业外支出
1602	累计折旧	4101	盈余公积	6801	所得税费用

小提示

总分类科目对其所属的明细分类科目具有统驭和控制的作用，而明细分类科目是对其归属的总分类科目的补充和说明。总分类科目及其所属的明细分类科目，共同反映经济业务总括或详细的情况。

【例 1-2】某企业 2017 年 9 月初开业。9 月 30 日有关财产物资的存在形态和使用分布情况，以及来源渠道如下：

（1）各类房屋和建筑物 1 830 万元。

（2）生产车间各类机器设备 1 020 万元。

（3）存放在材料仓库的各种材料 810 万元。

（4）正在生产车间生产加工的在产品 120 万元。

（5）存放在成品仓库的各种产成品 930 万元。

（6）存放在财会部门保险柜的现金 0.3 万元。

（7）存放在银行的各种款项 150 万元。

（8）因销售商品应收取的款项 85.7 万元。

（9）投资者投入资本 3 500 万元。

（10）从银行取得短期借款 400 万元。

（11）从银行取得长期借款 600 万元。

（12）因购买材料应支付的款项 98 万元。

（13）应付未付借款利息 5 万元。

（14）应付给职工的各种工资福利费 42 万元。

（15）应交纳的各种税金 7 万元。

（16）企业当期实现的净利润 294 万元。

要求：指出题中各项业务涉及的会计要素和会计科目。

解析：根据内容分析如下。

（1）各类房屋和建筑物，属于“资产”要素，在资产类“固定资产”科目填列。

（2）生产车间各类机器设备，属于“资产”要素，在资产类“固定资产”科目填列。

（3）存放在材料仓库的各种材料，属于“资产”要素，在资产类“原材料”科目填列。

（4）正在生产车间生产加工的在产品，属于“资产”要素，在成本类“生产成本”科目填列。

（5）存放在成品仓库的各种产成品，属于“资产”要素，在资产类“库存商品”科目填列。

（6）存放在保险柜的现金，属于“资产”要素，在资产类“库存现金”科目填列。

（7）存放在银行的款项，属于“资产”要素，在资产类“银行存款”科目填列。

（8）因销售商品应收取的款项，属于“资产”要素，在资产类“应收账款”科目填列。

（9）投资者投入资本，属于“所有者权益”要素，在所有者权益类“实收资本”科目填列。

（10）银行短期借款，属于“负债”要素，在负债类“短期借款”科目填列。

（11）银行长期借款，属于“负债”要素，在负债类“长期借款”科目填列。

（12）因购买材料应支付的款项，属于“负债”要素，在负债类“应付账款”科目填列。

（13）应付未付借款利息，属于“负债”要素，在负债类“应付利息”科目填列。

（14）应付给职工的各种工资福利，属于“负债”要素，在负债类“应付职工薪酬”科目填列。

（15）应交纳的各种税金，属于“负债”要素，在负债类“应交税费”科目填列。

（16）企业当期实现的净利润，属于“所有者权益”要素，在所有者权益类“本年利润”科目填列。

小提示

“应收账款”和“应付账款”的区分：应收账款属于其他单位欠本单位的款项，本单位应收回，应收账款是企业的债权，属于企业的资产；应付账款属于本单位欠其他单位的款项，本单位应支付，应付账款是企业的债务，属于企业的负债。

（二）会计账户

1. 会计账户的概念

会计账户是根据会计科目设置的，具有一定格式和结构，用于分类反映会计要素增减变动情况及其结果的载体。设置会计账户是会计核算的重要方法之一，是对会计对象的具体内容（会计要素）进行分类核算的一种专门方法。

2. 会计账户的分类

（1）会计账户按所反映的经济内容不同，分为资产类账户、负债类账户、所有者权益类账户、成本类账户、损益类账户等。

（2）会计账户按所提供信息的详细程度及其统驭关系不同，分为总分类账户和明细分类账户。

总分类账户是根据总分类科目设置的、用来对会计要素具体内容进行总括分类核算的账户，简称总账账户或总账，也称为一级账户。明细分类账户是根据明细分类科目设置的、用来对会计要素具体内容进行明细分类核算的账户，简称明细账户或明细账。

小提示

总分类账户提供会计要素具体内容的总括核算指标，一般只用货币计量；明细分类账户提供会计要素具体内容的详细核算指标，除用货币计量外，有的还要用实物量度（如件、千克、立方米等）进行辅助计量。

3. 会计账户的功能

会计账户的功能在于连续、系统、完整地提供企业经济活动中各会计要素增减变动及其结果的具体信息。其中，会计要素在特定会计期间增加和减少的金额，分别称为账户的“本期增加发生额”和“本期减少发生额”，二者统称为账户的“本期发生额”；会计要素在会计期末的增减变动结果，称为账户的“余额”，具体表现为期初余额和期末余额。账户上期的期末余额转入本期，即为本期的期初余额；账户本期的期末余额转入下期，即为下期的期初余额。账户的期初余额、期末余额、本期增加发生额和本期减少发生额统称为账户的四个金额要素。对于同一账户而言，它们之间的基本关系可用如下公式表示：

期末余额＝期初余额＋本期增加发生额－本期减少发生额

4. 账户的结构

账户的结构是指账户的组成部分及其相互关系。账户是分类记录经济业务，反映会计要素具体内容的增减变动情况及其变动结果的载体，经济业务引起的资金变动尽管错综复杂，但从数量上看分为增加和减少两种。因此，账户的基本结构也相应划分为左方与右方两个基本部分，一部分登记增加的金额，另一部分登记减少的金额。哪一方登记增加金额，哪一方登记减少金额，取决于账户的性质。在借贷记账法下，账户的左方称为“借方”，账户的右方称为“贷方”。账户的格式尽管各不相同，但一个完整的账户应包括以下内容：①账户名称，即会计科目；②日期，即所依据记账凭证中注明的日期；③凭证字号，即所依据记账凭证的编号；④摘要，即经济业务的简要说明；⑤金额，即增加额、减少额和余额。账户结构如表 1-2 所示。

表 1-2 总分类账

科目名称 ________

年		凭证编号	摘要	借方											贷方											借或贷	余额										
月	日			亿	千	百	十	万	千	百	十	元	角	分	亿	千	百	十	万	千	百	十	元	角	分		亿	千	百	十	万	千	百	十	元	角	分

实际工作中，账户的格式往往简化为“丁”字或“T”字形账户，这种格式多在教学中使用或在实际工作中作为计算试算的草稿使用。“丁”字或“T”字形账户格式如下：

借方	银行存款	贷方

借方	应收账款	贷方

借方	应付账款	贷方

四、会计科目与会计账户的关系

会计账户和会计科目之间存在着密切的联系，在实际工作中，人们常常将它们等同起来使用，但两者既然是两个概念，则必有其区别。

1. 会计科目和会计账户的联系

会计科目与会计账户都是对会计对象具体内容的分类，两者核算内容一致，性质相同。会计科目是会计账户的名称，也是设置会计账户的依据。会计账户是会计科目的具体运用，会计账户所要登记的内容即会计科目要反映的经济内容。

2. 会计科目与会计账户的区别

会计科目仅仅是会计账户的名称，只表明某类经济内容，不存在结构；而会计账户既有名称又有一定的格式和结构，可以记录和反映某类经济内容的增减变动情况及结果。会计科目主要是为了开设账户，填制凭证所运用；而会计账户主要是为了提供某一具体会计对象的会计资料，为编制财务报表所运用。

小练习 1–3

某企业 2017 年 10 月 31 日有关账户余额如表 1-3 所示。

表 1-3 账户余额表

单位：元

资产	借方余额	权益	贷方余额
库存现金	800	短期借款	41 000
银行存款	26 000	应付账款	8 000
应收账款	35 000	应交税费	7 000
原材料	22 000	长期借款	26 000
库存商品	28 000	实收资本	255 000
固定资产	200 000	盈余公积	9 800
在建工程	40 000	本年利润	5 000
合计	351 800	合计	351800

要求：（1）计算企业的货币资金、存货、流动资产、非流动资产、资产总额。

（2）计算企业的流动负债、非流动负债、负债总额、所有者权益总额。

五、借贷复式记账法

（一）复式记账法的概念

复式记账法是指对于每一笔经济业务，必须用相等的金额，在两个或两个以上相互联系的账户中进行登记，系统地反映会计要素增减变化的一种记账方法。现代会计运用复式记账法。

（二）借贷复式记账法的基本内容

借贷复式记账法，简称借贷记账法，它是指以“借”“贷”作为记账符号，反映经济业务增减变化的一种复式记账法。

1. 借贷记账法的记账符号

借贷记账法以“借”“贷”为记账符号，分别作为账户的左方（借方）和右方（贷方）。对每一个账户来说，如果规定借方表示增加，则贷方就表示减少；如果规定贷方表示增加，则借方就表示减少。至于“借”表示增加，还是“贷”表示增加，则取决于账户的性质及结构。例如，资产类账户的借方表示增加、贷方表示减少，负债类账户的贷方表示增加、借方表示减少。

2. 借贷记账法的账户结构

账户分为左方（记账符号为“借”）和右方（记账符号为“贷”）两个方向，一方登记增加，另一方登记减少。资产类账户与权益类账户的结构截然相反。资产、成本、费用类账户借方登记增加额、贷方登记减少额；负债、所有者权益、收入类账户贷方登记增加额、借方登记减少额。

账户的余额一般在账户记录增加的一方，资产类账户的借方表示增加，余额均在借方；负债和所有者权益类账户的贷方表示增加，余额一般在贷方。上述两类账户的内部关系如下式：

资产类账户期末余额＝期初余额＋本期借方发生额－本期贷方发生额

负债类账户期末余额＝期初余额＋本期贷方发生额－本期借方发生额

成本类账户和费用类账户结构与资产类账户的结构相同，所有者权益类账户和收入类账户结构与负债类账户的结构相同。

现将各类账户借、贷两方登记的增、减情况归纳如表 1-4 所示。

表 1-4 各类账户的基本结构

账户类别	借方登记	贷方登记	余额方向
资产类	增加	减少	借方
负债类	减少	增加	贷方
所有者权益类	减少	增加	贷方
收入类	减少（或转销）	增加	一般无余额
费用类	增加	减少（或转销）	一般无余额
成本类	增加	减少	借方

3. 借贷记账法的记账规则

借贷记账法的记账规则为“有借必有贷，借贷必相等”，即对于每一笔经济业务都要在两个或两个以上相互联系的账户中以借方和贷方相等的金额进行登记。

从上述可以看出，在借贷记账法下，无论何种类型的经济业务，其处理原则都是“有借必有贷，借贷必相等”。其基本规律体现在以下三个方面：

（1）任何一笔经济业务的发生，至少会同时导致两个账户金额发生变化。

（2）经济业务发生后，所记入的账户必须至少包含一个账户借方和一个账户贷方。

（3）不管借方、贷方各涉及多少个账户，但是借方的金额（合计）与贷方的金额（合计）必然相等。

4. 账户的对应关系

账户的对应关系是指采用借贷记账法对每笔交易或事项进行记录时，相关账户之间形成的应借、应贷的相互关系。存在对应关系的账户称为对应账户。通过账户间的对应关系，可以了解每笔经济业务的内容，掌握经济业务的来龙去脉，检查经济业务的处理是否合理、合法。

5. 会计分录

1）会计分录的概念

会计分录简称分录，是对每项经济业务列示出应借、应贷的账户名称及金额的一种记录。会计分录由应借应贷方向、相互对应的账户名称（会计科目）及其金额三个要素构成。在我国，会计分录记载于记账凭证中。

2）会计分录的种类

按照所涉及账户的多少，会计分录分为简单会计分录和复合会计分录。简单会计分录是指只涉及一个账户借方和另一个账户贷方的会计分录，即一借一贷的会计分录。复合会计分录是指由两个以上（不含两个）对应账户组成的会计分录，即一借多贷、多借一贷或多借多贷的会计分录。

一个复合会计分录可以分解为几个简单会计分录，复合会计分录便于集中反映整个经济业务的全貌，简化记账工作，提高会计工作效率，但不得把互不相关的几个简单会计分录硬性合并为一笔多借多贷的会计分录。

3）会计分录的书写格式

在借贷记账法下，编制会计分录的格式是先写借方科目，再写贷方科目。会计分录为上下结构，上借下贷，借贷错开，金额相等。一般“贷”字应对齐借方科目的第一个字，金额也要错开写。编制复合会计分录时，对于多个贷方（或借方）科目，不必重复写“贷”字或“借”字，只需在第一个会计科目前写“贷”字或“借”字，然后将相同方向的会计科目对齐即可。

4）会计分录的编制步骤

会计分录的编制步骤如下：

（1）分析经济业务事项涉及的是资产（成本、费用）还是权益（收入）。

（2）根据经济业务引起的会计要素的增减变化，确定涉及哪些会计账户，是增加还是减少。

（3）根据会计账户的性质和会计账户结构，确定记入哪个（或哪些）会计账户的借方、哪个（或哪些）会计账户的贷方。

（4）根据借贷记账法的记账规则，确定应借应贷会计账户是否正确，借贷方金额是否相等。

【例 1-3】含光企业 2017 年 6 月发生下列经济业务，要求据此编制会计分录。

（1）将现金 2 000 元存入银行。

这笔业务表示银行存款增加，应记入“银行存款”账户的借方；库存现金减少，应记入“库存现金”账户的贷方。会计分录如下：

借：银行存款　　2 000
　　贷：库存现金　　2 000

（2）以银行存款 4 000 元购买办公用品。

这笔业务表示办公用品费增加，应记入“管理费用”账户的借方，银行存款减少，应记入“银行存款”账户的贷方。会计分录如下：

借：管理费用　　4 000
　　贷：银行存款　　4 000

（3）以银行存款 78 000 元交纳应交税费。

这笔业务表示应交税费减少，应记入“应交税费”账户的借方；银行存款减少，应记入“银行存款”账户的贷方。会计分录如下：

借：应交税费　　78 000
　　贷：银行存款　　78 000

（4）收到投资者投入固定资产 58 000 元，已投入使用（暂不考虑增值税）。

这笔业务表示固定资产增加，应记入“固定资产”账户的借方；实收资本增加，应记入“实收资本”账户的贷方。会计分录如下：

借：固定资产　　58 000

　　贷：实收资本　　58 000

（5）收回货款 89 000 元，存入银行。

这笔业务表示银行存款增加，应记入“银行存款”账户的借方；应收账款减少，应记入“应收账款”账户的贷方。会计分录如下：

借：银行存款　　89 000

　　贷：应收账款　　89 000

（6）以银行存款 65 800 元购入原材料验收入库（暂不考虑增值税）。

这笔业务表示原材料增加，应记入“原材料”账户的借方；银行存款减少，应记入“银行存款”账户的贷方。会计分录如下：

借：原材料　　65 800

　　贷：银行存款　　65 800

（7）以现金支付职工工资 16 000 元。

这笔业务表示应付的工资减少，应记入“应付职工薪酬”账户的借方；库存现金减少，应记入“库存现金”账户的贷方。会计分录如下：

借：应付职工薪酬　　16 000

　　贷：库存现金　　16 000

（8）以现金 750 元支付车间的水电费。

这笔业务表示企业车间的水电费增加，应记入“制造费用”账户的借方；库存现金减少，应记入“库存现金”账户的贷方。会计分录如下：

借：制造费用　　750

　　贷：库存现金　　750

（9）以银行存款支付广告费 50 000 元。

这笔业务表示企业广告费增加，应记入“销售费用”账户的借方；银行存款减少，应记入“银行存款”账户的贷方（暂不考虑增值税）。会计分录如下：

借：销售费用　　50 000

　　贷：银行存款　　50 000

（10）上月购入的原材料 35 120 元验收入库。

这笔业务表示企业原材料增加，应记入“原材料”账户的借方；在途物资减少，应记入“在途物资”账户的贷方。会计分录如下：

借：原材料　　35 120

　　贷：在途物资　　35 120

（11）销售产品，获得收入890 000元，货款收到存入银行。

这笔业务表示企业银行存款增加，应记入“银行存款”账户的借方；销售收入增加，应记入“主营业务收入”账户的贷方（暂不考虑增值税）。会计分录如下：

借：银行存款　　890 000

　贷：主营业务收入　　890 000

（12）结转产品销售成本780 000元。

这笔业务表示企业销售成本增加，应记入“主营业务成本”账户的借方；库存商品减少，应记入“库存商品”账户的贷方。会计分录如下：

借：主营业务成本　　780 000

　贷：库存商品　　780 000

以上会计分录均为一借一贷的两个科目对应的简单分录。在经济业务（1）中，“银行存款”账户的对应账户就是“库存现金”账户，“库存现金”账户的对应账户就是“银行存款”账户。

（13）销售产品，售价金额23 400元，增值税税额为3 978元，款项收到20 000元存入银行，其余7 378元尚未收到。

这笔业务，款项收到存入银行表示企业银行存款增加，应记入“银行存款”账户的借方；款项尚未收到表示企业应收账款增加，应记入“应收账款”账户的借方；销售收入增加，应记入“主营业务收入”账户的贷方；增值税的销项税额应记入“应交税费”账户的贷方。会计分录如下：

借：银行存款　　20 000

　应收账款　　7 378

　贷：主营业务收入　　23 400

　　应交税费——应交增值税（销项税额）　　3 978

这笔业务的会计分录涉及两借两贷四个会计科目，为多借多贷的复合会计分录。对于增值税的会计处理以后讲述，本处从略。

小练习 1-4

编制青洋企业2017年6月下列经济业务的会计分录：

（1）1日，收到投资者投入资本50 000元，存入银行。

（2）2日，用银行存款支付水电费30 000元，其中生产车间22 000元，管理部门8 000元。

（3）3日，生产甲产品领用A材料1 000千克，单价10元；车间领用B材料50千克，单价4元；管理部门领用C材料100千克，单价3元。

（4）5日，从银行提取现金50 000元，准备发放工资。

（5）5日，用现金发放工资50 000元。

（6）8日，从星光工厂购入A材料2 000千克，买价19 400元，增值税税额为3 298

元，运杂费 600 元，款项用银行存款支付，材料已验收入库。

（7）9 日，用银行存款归还短期借款 30 000 元。

（8）10 日，销售给胜利工厂甲产品 600 件，单位售价 200 元，增值税税额为 20 400 元，款项已收存银行。

（9）12 日，用银行存款归还前欠立达工厂购料款 11 700 元。

（10）15 日，用银行存款支付产品广告费 180 元。

6. 借贷记账法的试算平衡

试算平衡是指根据资产与权益的恒等关系及借贷记账法的记账规则，检查所有账户记录是否正确的过程，包括发生额试算平衡和余额试算平衡两种方法。

（1）发生额试算平衡是根据本期所有账户借方发生额合计与贷方发生额合计的恒等关系，检验本期发生额记录是否正确的方法。这是由“有借必有贷，借贷必相等”的记账规则决定的。其计算公式如下：

全部账户本期借方发生额合计＝全部账户本期贷方发生额合计

（2）余额试算平衡是根据本期所有账户借方余额合计与贷方余额合计的恒等关系，检验本期账户记录是否正确的方法。根据余额时间不同又分为期初余额平衡与期末余额平衡两类。期初余额平衡是期初所有账户借方余额合计与贷方余额合计相等，期末余额平衡是期末所有账户借方余额合计与贷方余额合计相等，这是由“资产＝负债＋所有者权益”的恒等关系决定的。其计算公式如下：

全部账户的借方期初余额合计＝全部账户的贷方期初余额合计

全部账户的借方期末余额合计＝全部账户的贷方期末余额合计

在实际工作中，试算平衡通常通过编制试算平衡表方式进行。

【例 1-4】红星企业 2017 年 5 月末有关总分类账户的余额如表 1-5 所示。

表 1-5 账户余额表

2017 年 5 月 31 日　　单位：元

账户	余额	账户	余额
库存现金	300	生产成本	15 000
银行存款	200 000	短期借款	10 000
原材料	4 700	实收资本	320 000
固定资产	160 000	应付账款	50 000

该企业 6 月份发生如下经济业务（暂不考虑增值税）：

（1）收到投资者投入的货币资金 100 000 元存入银行。

（2）用银行存款 60 000 元购入汽车一辆。

（3）从银行提取现金 40 000 元。

（4）借入短期借款 20 000 元，存入银行。

（5）用银行存款 80 000 元偿还应付账款。

（6）生产产品领用材料一批，价值 30 000 元。

（7）购入材料一批，货款 200 000 元尚未支付。

（8）用银行存款 30 000 元偿还短期借款。

要求：为该企业编制 6 月份的试算平衡表。

解析：该企业 6 月份的试算平衡表如表 1-6 所示。

表 1-6 试算平衡表

单位：元

科目名称	期初余额		本期发生额		期末余额	
	借方	贷方	借方	贷方	借方	贷方
库存现金	300		40 000		40 300	
银行存款	200 000		120 000	210 000	11 000	
应收账款		50 000	80 000	20 000		170 000
原材料	4 700		200 000	30 000	174 700	
固定资产	160 000		60 000		220 000	
短期借款		10 000	30 000	20 000		0
实收资本		320 000		100 000		420 000
生产成本	15 000		30 000		45 000	
合计	380 000	380 000	560 000	560 000	590 000	590 000

六、记账凭证的填制

在实际工作中，会计分录是填写在记账凭证上的。填制记账凭证是一项重要的会计工作。

1. 记账凭证填制的基本要求

（1）记账凭证各项内容必须完整，包括日期、编号、摘要、会计分录（科目）、金额合计、人员签章等。

（2）记账凭证应按月连续编号，每月从第 1 号编起，以便于记账、查账、防止散落和丢失。填写记账凭证编号的方法有很多，常用的有以下三种编号方法：①所有记账凭证按日期顺序编号，具体为“记字第××号”；②按收款凭证、付款凭证、转账凭证三类分别编号，具体为“收字第××号”“付字第××号”“转字第××号”；③按现金收入、现金支出、银行存款收入、银行存款支出、转账凭证五类进行编号，具体为“现收字第××号”“现付字第××号”“银收字第××号”“银付字第××号”“转字第××号”。

一笔经济业务需要填制两张或者两张以上记账凭证的，可以采用分数编号法编号。

（3）记账凭证的书写应清楚、规范，相关要求同原始凭证。

（4）记账凭证可以根据每一张原始凭证填制，或根据若干张同类原始凭证汇总编制，也可以根据原始凭证汇总表填制，但不得将不同内容和类别的原始凭证汇总填制在一张记账凭证上。

（5）除结账和更正错误的记账凭证可以不附原始凭证外，其他记账凭证必须附有原始凭证。

2. 通用记账凭证的格式和填制方法

记账凭证按其适用的经济业务，可分为通用记账凭证和专用记账凭证。通用记账凭证是适用于各种经济业务的具有统一格式的记账凭证。

1）通用记账凭证的格式

通用记账凭证的格式如凭证 1-15 所示。

凭证 1-15

记 账 凭 证

年　　月　　日　　　　　　　　　　　　　　　　字第　　号

摘要	总账科目	明细科目	记账√	借方金额										记账√	贷方金额									
				千	百	十	万	千	百	十	元	角	分		千	百	十	万	千	百	十	元	角	分

附件　　张

会计主管：　　　　记账：　　　　出纳：　　　　审核：　　　　制单：

2）通用记账凭证的填制方法

（1）记账凭证上的日期处填写编制本凭证的日期。

（2）凭证右上角的编号处填写编制凭证的顺序号，每月从第 1 号编起。

（3）“摘要”栏填写对所记录的经济业务的简要说明。

（4）全部会计科目，按照先借后贷的顺序记入“总账科目”栏和“明细科目”栏。

（5）“记账”是指该凭证已登记账簿的标记，防止经济业务事项重记或漏记。

（6）“金额”是指该项经济业务事项的发生额，凭证中“借方金额”合计应与“贷方金额”合计相等。

（7）该凭证右边“附件　张”是指本记账凭证所附原始凭证的张数。

（8）最下边分别由会计主管、记账、出纳、审核、制单等有关人员签章，以明确经济责任。

【例 1-5】2017 年 8 月 12 日，长沙顺达机电设备制造有限公司收到光大股份有限公司投入资金 120 000 元存入银行，本月记账凭证已填至“记字第 21 号”。

要求：根据该项业务填写通用记账凭证。

解析：记账凭证如凭证 1-16 所示。

凭证 1-16

记 账 凭 证

2017 年 8 月 12 日　　　　记　字第 22 号

摘要	总账科目	明细科目	记账√	借方金额										记账√	贷方金额									
				千	百	十	万	千	百	十	元	角	分		千	百	十	万	千	百	十	元	角	分
收到投资者投入资金	银行存款	中国工商银行 2081				1	2	0	0	0	0	0	0											
	实收资本	光大股份有限公司															1	2	0	0	0	0	0	0
合计					¥	1	2	0	0	0	0	0	0			¥	1	2	0	0	0	0	0	0

附件 2 张

会计主管：　　记账：尚技　　出纳：陈兰　　审核：　　制单：范云天

【例 1-6】2017 年 10 月 23 日，长沙顺达机电设备制造有限公司向荣盛工厂购买钢材，买价 500 000 元，增值税税额为 85 000 元，以银行存款支付 400 000 元，其余 185 000 元尚未支付，材料验收入库。本月记账凭证已填至“记字第 19 号”。

要求：根据该项经济业务填写通用记账凭证。

解析：这笔经济业务，材料验收入库表示企业库存的材料增加，应记入“原材料”账户的借方，增值税的进项税额应记入“应交税费”账户的借方（支付的增值税不计入材料的成本）。款项以银行存款支付表示银行存款减少，应记入“银行存款”账户的贷方，款项尚未支付表示应付账款增加，应记入“应付账款”账户的贷方。会计分录如下：

借：原材料——钢材　　500 000
　　应交税费——应交增值税（进项税额）　　85 000
　　贷：银行存款　　400 000
　　　　应付账款——荣盛工厂　　185 000

将上述会计分录填写在第 20 号记账凭证上，如凭证 1-17 所示。

凭证 1-17

记账凭证

2017 年 10 月 23 日　　　　记　字第 20 号

摘要	总账科目	明细科目	记账√	借方金额										记账√	贷方金额									
				千	百	十	万	千	百	十	元	角	分		千	百	十	万	千	百	十	元	角	分
购买原材料	原材料	钢材				5	0	0	0	0	0	0	0											
	应交税费	应交增值税（进项税额）					8	5	0	0	0	0	0											
	银行存款																4	0	0	00	0	0	0	0
	应付账款	荣盛工厂															1	8	5	0	0	0	0	0
合计					¥	5	8	5	0	0	0	0	0			¥	5	8	5	0	0	0	0	0

附件 3 张

会计主管：　　记账：尚技　　出纳：陈兰　　审核：　　制单：范云天

小练习 1–5

2017 年 9 月 17 日，长沙顺达机电设备制造有限公司向华东工厂购买辅料油漆，买价 200 000 元，增值税税额为 34 000 元，款项以银行存款支付 130 000 元，其余款项尚未支付，材料验收入库。本月通用记账凭证已编制至记字第 27 号。

要求：根据该项经济业务填写通用记账凭证，如凭证 1-18 所示。

凭证 1-18

记账凭证

年　月　日　　　　记　字第　号

摘要	总账科目	明细科目	记账√	借方金额										记账√	贷方金额									
				千	百	十	万	千	百	十	元	角	分		千	百	十	万	千	百	十	元	角	分

附件　张

会计主管：　　记账：　　出纳：　　审核：　　制单：

3. 专用记账凭证的格式和填制方法

记账凭证可分为通用记账凭证和专用记账凭证。专用记账凭证是专门用来记录某一类经济业务（如收款业务、付款业务）的记账凭证，按其所记录内容是否与现金和银行存款的增减业务有关，可以分为收款凭证、付款凭证和转账凭证。

1）收款凭证的编制

收款凭证是用于记录现金和银行存款收款业务的记账凭证。收款凭证左上角的“借方科目”项按收款的性质填写“库存现金”或“银行存款”，“贷方科目”栏填写与收入现金或银行存款相对应的会计科目，“金额”栏填写该项经济业务事项的发生额。

【例 1-7】2017 年 10 月 18 日，长沙路通机电设备制造有限公司收到大明公司货款 450 000 元存入银行，公司记账凭证按“收”“付”“转”编号，本月收款凭证已编至“收字第 19 号”。

要求：根据该项经济业务填写收款凭证。

解析：收款凭证如凭证 1-19 所示。

凭证 1-19

收款凭证

借方科目：银行存款　　　　2017 年 10 月 18 日　　　　收字第 20 号

摘要	贷方科目		金额											记账 √
	总账科目	明细科目	亿	千	百	十	万	千	百	十	元	角	分	
收到应收货款	应收账款	大明公司				4	5	0	0	0	0	0	0	
合计					¥	4	5	0	0	0	0	0	0	

附件 1 张

会计主管：　　记账：刘春林　　出纳：陈丽丽　　审核：　　制单：楚开心

小练习 1-6

2017 年 10 月 19 日，长沙路通机电设备制造有限公司向银行借入短期借款 200 000 元，存入银行。本月收款凭证已编至“收字第 20 号”。

要求：根据该项经济业务填写收款凭证，如凭证 1-20 所示。

凭证 1-20

收款凭证

借方科目：　　　　　　　　　　年　月　日　　　　　　　　　　字第　号

摘要	贷方科目		金额											记账√
	总账科目	明细科目	亿	千	百	十	万	千	百	十	元	角	分	
合计														

附件　张

会计主管：　　　　记账：　　　　出纳：　　　　审核：　　　　制单：

2）付款凭证的编制

付款凭证指用于记录现金和银行存款付款业务的记账凭证。付款凭证的编制方法与收款凭证基本相同，只是左上角为“贷方科目”，“贷方科目”项按付款的性质填写“库存现金”或“银行存款”；“借方科目”栏填写与支付现金或银行存款相对应的会计科目。

【例 1-8】 2017 年 10 月 20 日，长沙路通机电设备制造有限公司购买 A 原材料，买价 90 000 元，增值税税额为 15 300 元，材料已入库，款项以银行存款支付。本月付款凭证已编至“付字第 28 号”。

要求： 根据该项经济业务填写付款凭证。

解析： 付款凭证如凭证 1-21 所示。

凭证 1-21

付款凭证

贷方科目：银行存款　　　　　　2017 年 10 月 20 日　　　　　　付字第 29 号

摘要	借方科目		记账符号	金额									
	总账科目	明细科目		千	百	十	万	千	百	十	元	角	分
购买原材料	原材料	A 材料					9	0	0	0	0	0	0
	应交税费	应交增值税（进项税额）					1	5	3	0	0	0	0
合计					¥	1	0	5	3	0	0	0	0

附单据 3 张

会计主管：　　　　记账：刘春林　　　　出纳：陈丽丽　　　　审核：　　　　制单：楚开心

小提示

对于涉及“库存现金”和“银行存款”之间相互划转的经济业务，为避免重复记账，一般只编制付款凭证，不编制收款凭证。即将现金存入银行的业务只编制库存现金付款凭证；从银行存款提取现金的业务只编制银行存款付款凭证。

【例 1-9】2017 年 10 月 21 日，长沙路通机电设备制造有限公司将现金 3 500 元存入银行。

要求：根据该项经济业务填写付款凭证。本月付款凭证已编至“付字第 34 号”。

解析：付款凭证如凭证 1-22 所示。

凭证 1-22

付 款 凭 证

贷方科目：库存现金　　　　2017 年 10 月 21 日　　　　付字第 35 号

摘要	借方科目		金额											记账√
	总账科目	明细科目	亿	千	百	十	万	千	百	十	元	角	分	
现金存入银行	银行存款							3	5	0	0	0	0	
合　计							¥	3	5	0	0	0	0	

附单据 1 张

会计主管：　　记账：刘春林　　出纳：陈丽丽　　审核：　　制单：楚开心

小练习 1–7

2017 年 10 月 22 日，长沙路通机电设备制造有限公司从银行存款中提取现金 6 700 元。

要求：根据该项经济业务填写付款凭证，如凭证 1-23 所示。

凭证 1-23

付 款 凭 证

贷方科目：　　　　2017 年 10 月 21 日　　　　字第　　号

摘要	借方科目		金额											记账√
	总账科目	明细科目	亿	千	百	十	万	千	百	十	元	角	分	
合　计														

附单据　张

会计主管：　　记账：　　出纳：　　审核：　　制单：

3）转账凭证的编制

转账凭证是记录不涉及现金和银行存款业务的记账凭证。转账凭证将经济业务事项中涉及的全部会计科目（不包括“库存现金”和“银行存款”科目），按照先借后贷的顺序记入“总账科目”和“明细科目”栏，并按应借、应贷方向分别记入“借方金额”或“贷方金额”栏。其格式和填列方法与记账凭证基本相同。

【例 1-10】 2017 年 10 月 28 日，长沙路通机电设备制造有限公司生产甲产品，领用 A 原材料 15 900 元，领用 B 原材料 12 700 元。公司本月转账凭证已编至“转字第 38 号”。

要求： 根据该项经济业务填写转账凭证。

解析： 转账凭证如凭证 1-24 所示。

凭证 1-24

转 账 凭 证

2017 年 10 月 28 日　　　　转字第 39 号

摘要	总账科目	明细科目	借方金额											贷方金额											记账√
			亿	千	百	十	万	千	百	十	元	角	分	亿	千	百	十	万	千	百	十	元	角	分	
生产产品领用原材料	生产成本	甲产品					2	8	6	0	0	0	0												
	原材料	A 材料																1	5	9	0	0	0	0	
		B 材料																1	2	7	0	0	0	0	
	合　计					¥	2	8	6	0	0	0	0				¥	2	8	6	0	0	0	0	

附单据 1 张

会计主管：　　　　记账：刘春林　　　　审核：　　　　制单：楚开心

小练习 1-8

2017 年 10 月 29 日，长沙路通机电设备制造有限公司向成功铝厂购买铝材买价 60 000 元，增值税税额为 10 200 元，价税款尚未支付，材料验收入库。公司本月转账凭证已编至“转字第 40 号”。

要求： 根据该项经济业务填写转账凭证，如凭证 1-25 所示。

凭证 1-25

转 账 凭 证

年　　月　　日　　　　　　　　　　　　字第　　号

摘要	总账科目	明细科目	借方金额											贷方金额											记账
			亿	千	百	十	万	千	百	十	元	角	分	亿	千	百	十	万	千	百	十	元	角	分	√
	合计																								

附单据　张

会计主管：　　　　　　　　记账：　　　　　　审核：　　　　　　制单：

七、记账凭证的审核

记账凭证的审核内容主要包括内容是否真实、项目是否齐全、科目是否正确、金额是否正确、书写是否正确。

出纳人员在办理收款或付款业务后，应在凭证上加盖“收讫”或“付讫”的戳记，以避免重收重付。

八、会计凭证的传递和保管

1. 会计凭证的传递

会计凭证的传递是指从会计凭证的取得或填制时起至归档保管过程中，在单位内部有关部门和人员之间的传送程序。

各单位应尽可能科学合理地制定和组织会计凭证的传递时间和传递程序，以保证会计凭证能够经过必要的环节进行妥善的处理，提高会计核算的正确性和及时性。

2. 会计凭证的保管

会计凭证的保管是指会计凭证记账后的整理、装订、归档和存查工作。会计凭证的保管主要有以下要求：

（1）会计凭证应定期装订成册，防止散失。

（2）会计凭证封面应注明单位名称、凭证种类、凭证张数、起止号数、年度、月份、会计主管人员、装订人员等有关事项，会计主管人员和保管人员应在封面上签章。

（3）会计凭证应加贴封条，防止抽换凭证。原始凭证不得外借。

（4）每年装订成册的会计凭证，在年度终了时可暂由单位会计机构保管一年，期满后应当移交本单位档案机构统一保管。出纳人员不得兼管会计档案。会计档案的保管期限分永久和定期两类，定期保管期限一般为10年和30年，会计档案的保管期限从会计年度终了后的第一天算起。按照会计档案管理办法的规定，会计凭证（包括原始凭证和记账凭证）的保管期限为30年。

练 习 题

一、单项选择题

1．会计的基本职能是（　　）。
A．反映和核算　B．核算和监督　C．记账和报账　D．计算和汇总

2．企业的原材料或库存商品，属于会计要素中的（　　）。
A．资产　B．负债　C．所有者权益　D．收入

3．企业的库存现金和银行存款属于（　　）。
A．流动资产　B．长期投资　C．固定资产　D．所有者权益

4．在会计核算方法体系中，（　　）是进行会计核算的起点和基本环节。
A．账产清查　B．填制和审核凭证
C．设置账户　D．成本计算

5．对会计对象的具体内容进行归类核算和监督的专门方法是（　　）。
A．设置账户　B．复式记账
C．填制和审核凭证　D．登记账簿

6．下列会计科目，不属于负债类科目的是（　　）科目。
A．“短期借款”　B．“应付账款”　C．“预付账款”　D．“应付利息”

7．下列业务不应编制转账凭证的是（　　）。
A．购买材料尚未付款　B．以现金支付材料运费
C．车间领用材料　D．销售商品尚未收款

8．下列有关会计科目的说法，不正确的是（　　）。
A．一级科目的名称和核算内容通常由会计制度（准则）规定
B．会计科目是根据账户开设的
C．在总账科目下，一般要设置明细科目
D．明细科目可以由各单位自行规定

9．负债类账户与（　　）账户的结构是相同的。
A．资产类　B．所有者权益类
C．成本类　D．费用类

10. 资金在权益内部转化，会使得一项权益增加，另一项（ ）。

A. 权益增加 B. 权益减少 C. 资产减少 D. 成本减少

11. 会计上所讲的“权益”，包括所有者权益和（ ）。

A. 资产 B. 负债 C. 成本 D. 费用

12. 账户之间发生的应借应贷的相互关系，叫作（ ）。

A. 账户对应关系 B. 账户平衡关系

C. 数量关系 D. 价值关系

13.“原材料”账户期初借方余额 7 000 元，借方本期发生额 8 000 元，贷方本期发生额 12 000 元，该账户的期末余额为（ ）元。

A. 借方 11 000 B. 贷方 9 000 C. 借方 3 000 D. 贷方 3 000

14. 在借贷记账法下，账户的贷方反映（ ）。

A. 成本增加 B. 费用增加 C. 收入增加 D. 支出增加

15.“应交税费”账户期初贷方余额 6 000 元，借方本期发生额 7 000 元，贷方本期发生额 9 000 元，该账户的期末余额为（ ）元。

A. 借方 4 000 B. 贷方 8 000 C. 借方 8 000 D. 贷方 22 000

16.“应收账款”账户贷方所登记的金额合计称为（ ）。

A. 期初余额 B. 本期增加发生额

C. 期末余额 D. 本期减少发生额

17. 会计凭证按（ ）不同，分为原始凭证和记账凭证。

A. 编制程序和用途 B. 来源

C. 填制方式 D. 反映数量和时间

18. 会计人员应根据审核无误的（ ）填制记账凭证。

A. 原始凭证 B. 收款凭证 C. 付款凭证 D. 转账凭证

19. 记账凭证应当（ ）顺序编号。

A. 按日 B. 按月 C. 按季 D. 按年

20. 将现金存入银行的业务，应填制的记账凭证是（ ）。

A. 库存现金收款凭证 B. 银行存款收款凭证

C. 库存现金付款凭证 D. 银行存款付款凭证

二、多项选择题

1. 下列项目，属于流动资产的有（ ）。

A. 银行存款 B. 短期借款 C. 固定资产 D. 应收账款

2. 会计要素中的“资产”，其基本要点有（ ）。

A. 由企业过去的交易或事项所形成

B．是企业拥有或控制的资源

C．预期会给企业带来经济利益

D．使用期限均超过一年

3．作为企业的“负债”，其基本要点是（　　）。

A．由企业过去的交易或事项形成

B．是企业的现时义务

C．预期会导致经济利益流出企业

D．预期会导致经济利益流入企业

4．下列有关所有者权益的说法，正确的有（　　）。

A．是一种剩余权益

B．是企业全部资产减去全部负债后的余额

C．是企业固定资产减去流动负债后的余额

D．包括实收资本和长期投资两个项目

5．企业在日常活动中形成的收入，可能会引起企业（　　）。

A．所有者权益增加　　B．所有者权益减少

C．资产增加　　D．资产减少

6．对于会计要素中费用的说法，正确的有（　　）。

A．在日常活动中发生　　B．在非日常活动中发生

C．会导致所有者权益减少　　D．能使企业的资产增加

7．反映企业财务状况的会计要素包括（　　）。

A．资产　　B．负债　　C．收入　　D．费用

8．会计核算工作的三个基本环节是（　　）。

A．填制和审核凭证　　B．登记账簿

C．财产清查　　D．编制财务会计报告

9．下列属于企业会计核算内容的有（　　）。

A．款项的收付　　B．财物的收发

C．债权债务的发生和结算　　D．资本的增减

10．反映企业经营成果的会计要素有（　　）。

A．资产　　B．利润　　C．收入　　D．费用

11．经济业务发生引起一项资产增加时，还可能引起（　　）。

A．另一项资产增加　　B．另一项资产减少

C．一项负债增加　　D．一项所有者权益增加

12．资产和所有者权益之间增减变动的类型有（　　）。

A．同时增加　　B．同时减少　　C．有增有减　　D．先增后减

13. 一级科目又可以称为（　　）。

A. 总账科目　　B. 总分类科目　　C. 子目　　D. 细目

14. 在借贷记账法下，"借"这个记账符号可以表示（　　）。

A. 资产增加　　B. 负债减少　　C. 费用增加　　D. 收入增加

15. 下列属于原始凭证的有（　　）。

A. 收料单　　B. 增值税专用发票

C. 付款凭证　　D. 领料单

16. 原始凭证的基本内容包括（　　）。

A. 凭证的名称　　B. 经济业务的数量、单价和金额

C. 填制凭证的日期　　D. 会计科目

17. 下列属于记账凭证基本内容的有（　　）。

A. 填制凭证的日期　　B. 经济业务摘要

C. 会计科目和金额　　D. 所附原始凭证的张数

18. 下列科目可能是收款凭证借方科目的是（　　）。

A. 短期借款　　B. 应收账款　　C. 银行存款　　D. 库存现金

19. 记账凭证中同类业务的会计分录可以是（　　）。

A. 一借一贷　　B. 多借一贷　　C. 一借多贷　　D. 多借多贷

20. 会计机构、会计人员对（　　）的原始凭证有权不予接受。

A. 不真实　　B. 不准确　　C. 不合法　　D. 不完整

三、判断题

1. 可以在一年内变现或者耗用的资产，属于非流动资产。（　　）
2. 会计的对象是指会计所核算和监督的内容。（　　）
3. "资产＝收入－费用"这一会计恒等式，也称会计方程式。（　　）
4. 从数量上看，一个企业的资产和权益总额总是相等的。（　　）
5. 以银行存款偿还应付账款，会引起资产和负债同时减少。（　　）
6. 会计科目按反映的经济内容不同，分为总分类科目和明细分类科目。（　　）
7. 二级科目也叫子目，是介于一级科目和明细科目之间的科目。（　　）
8. 所有总账科目下，都要设置二级科目和明细科目。（　　）
9. 复式记账要求对发生的每一笔经济业务至少记入一个账户。（　　）
10. 损益类账户的结构都是借方记增加，贷方记减少。（　　）
11. 每一个账户借方本期发生额合计等于该账户贷方本期发生额合计。（　　）
12. 资产类账户的借方余额合计等于负债类账户的贷方余额合计。（　　）

13．总分类账户是明细分类账户的从属账户，它对明细分类账户起着控制作用。（　　）
14．资金流入企业，可能引起企业一项资产增加，一项所有者权益减少。（　　）
15．企业收回应收账款存入银行，会引起企业资产总额增加。（　　）
16．总账科目和明细科目可以由国家统一规定，也可以由各单位自行规定。（　　）
17．填制和审核会计凭证是会计核算工作的起点和基础环节。（　　）
18．记账凭证是由会计人员根据审核无误的收款凭证和付款凭证填制的。（　　）
19．原始凭证和记账凭证都是由会计部门的会计人员填制的。（　　）
20．原始凭证金额有错误的，应由出具单位重开或更正。（　　）

四、计算分录题

1．甲企业 6 月初有关账户余额如表 1-7 所示，本月发生下列经济业务：

（1）收回应收 A 工厂前欠的账款 51 000 元存入银行。

（2）以银行存款 30 000 元归还中国工商银行短期借款。

（3）以银行存款 23 000 元交纳上期应交的所得税。

（4）收到投资者（红光公司）投入资金 50 000 元存入银行。

（5）以银行存款 35 000 元偿还前欠 B 工厂的货款。

要求：（1）编制本月业务记账凭证（以会计分录代替）。

（2）编制 6 月 30 日试算平衡表，如表 1-8 所示。

表 1-7　试算平衡表

科目名称	期初余额		本期发生额		期末余额	
	借方	贷方	借方	贷方	借方	贷方
库存现金						
银行存款	831 000					
应收账款	68 000					
应交税费		33 000				
应付账款		54 000				
短期借款		30 000				
实收资本						
生产成本		782 000				
合计	899 000	899 000				

表 1-8　试算平衡表

科目名称	期初余额		本期发生额		期末余额	
	借方	贷方	借方	贷方	借方	贷方

2．根据正大企业发生的经济业务，编制会计分录。

（1）收到光明公司前欠本单位购货款 20 000 元存入银行。

（2）借入半年期借款 100 000 元，存入银行。

（3）从银行存款中提取现金 2 800 元备用。

（4）以现金支付管理费用 700 元。

（5）以银行存款 50 000 元归还短期借款。

（6）以银行存款购进 A 材料 30 000 元，增值税税额为 5 100 元，价税款以银行存款支付，材料已验收入库。

（7）购进 B 材料 4 000 元，增值税税额为 680 元，材料已验收入库，款项尚未支付。

（8）以银行存款支付应付大为公司账款 4 500 元。

（9）销售甲产品一批，售价 88 000 元，价税款收到存入银行；销售乙产品一批，售价 26 000 元，价税款尚未收到，税率均为 17%。

（10）收到投资者投入的设备 100 000 元，取得增值税专用发票，注明增值税税额为 17 000 元，设备不需安装。

五、实训题

根据中意工厂 2017 年 11 月部分经济业务（原始凭证略），填写有关记账凭证。

1．11 月 5 日，购买 A 原材料，买价 21 000 元，增值税税额为 3 570 元，全部款项以银行存款支付。本月付款凭证已编至“付字第 6 号”，要求填写付款凭证，如凭证 1-26 所示。

凭证 1-26

付款凭证

贷方科目：　　　　　　　　　　　　年　　月　　日　　　　　　　　　　字第　　号

摘要	借方科目		金额											记账 √
	总账科目	明细科目	亿	千	百	十	万	千	百	十	元	角	分	
合计														

附单据　　张

会计主管：　　　记账：　　　出纳：　　　审核：　　　制单：

2. 11 月 8 日，收到应收的兴汉商场货款 39 860 元存入银行。本月收款凭证已编至“收字第 3 号”，要求填写收款凭证，如凭证 1-27 所示。

凭证 1-27

收款凭证

借方科目：　　　　　　　　　　　　年　　月　　日　　　　　　　　　　字第　　号

摘要	贷方科目		金额											记账 √
	总账科目	明细科目	亿	千	百	十	万	千	百	十	元	角	分	
合计														

附单据　　张

会计主管：　　　记账：　　　出纳：　　　审核：　　　制单：

3. 11 月 10 日，生产甲商品，领用 A 原材料 15 800 元，领用 B 原材料 2 790 元。本月已编制转账凭证至“转字第 14 号”，要求填写转账凭证，如凭证 1-28 所示。

凭证 1-28

转账凭证

年 月 日　　　　字第 号

摘要	总账科目	明细科目	借方金额											贷方金额											记账√
			亿	千	百	十	万	千	百	十	元	角	分	亿	千	百	十	万	千	百	十	元	角	分	
合计																									

附单据 张

会计主管：　　　　记账：　　　　审核：　　　　制单：

4．11 月 12 日，销售甲商品，售价 27 000 元，增值税税额为 4 590 元，全部款项收到存入银行。公司采用通用记账凭证，本月凭证已编至“记字第 28 号”，要求编制该笔经济业务的记账凭证，如凭证 1-29 所示。

凭证 1-29

记账凭证

年 月 日　　　　字第 号

摘要	总账科目	明细科目	记账√	借方金额										记账√	贷方金额									
				千	百	十	万	千	百	十	元	角	分		千	百	十	万	千	百	十	元	角	分

附件 张

会计主管：　　　　记账：　　　　出纳：　　　　审核：　　　　制单：

5．11 月 13 日，向荣盛工厂购买 B 原材料，买价 42 000 元，增值税税额为 7 140 元，运杂费 760 元，款项已支付 30 000 元，余款尚未支付，材料验收入库。填写通用记账凭证，如凭证 1-30 所示。

凭证 1-30

记账凭证

年　月　日　　　　　　　　　　　　字第　号

摘要	总账科目	明细科目	记账√	借方金额										记账√	贷方金额								
				千	百	十	万	千	百	十	元	角	分		千	百	十	万	千	百	十	元	角	分

附件　张

会计主管：　　记账：　　出纳：　　审核：　　制单：

第二章　企业基本经济业务的核算

学习目标

● 知识目标

1．掌握企业经营过程总分类核算及相关的主要账户。

2．掌握企业基本经济业务的账务处理（会计分录）。

3．了解企业筹集资金过程、供应过程、生产过程、销售过程、利润形成和分配过程的内在关系。

4．理解利润的构成内容，掌握利润指标的计算方法。

● 技能目标

1．能根据发生的经济业务正确编制会计分录。

2．能识别原始凭证，能根据原始凭证确定所发生的经济业务的内容。

3．能根据原始凭证正确编制记账凭证。

第一节　会计处理基础

会计处理基础是确定会计业务的出发点，是指在确认和处理一定会计期间的收入和费用时选择的处理原则和标准，其目的是对收入和支出进行合理配比，进而作为确认当期损益的依据。运用的会计处理基础不同，对同一企业、同一期间的收入、费用和财务成果，会计核算出现的结果也不同。会计处理基础有两种，即收付实现制和权责发生制。

一、收付实现制

收付实现制是以本期款项的实际收付作为确定本期收入、费用的标准。凡是本期实际收到款项的收入和付出款项的费用，不论款项是否属于本期，只要在本期实际发生，即作为本期的收入和费用，故又叫实收实付制、现收现付制、现金制。

【例 2-1】某企业 1 月份收到承租人预付的上半年房屋租金收入 3 000 元，计算收付实现制下企业 1 月份的收入。

解析：按受益期，1 月份应获得的租金收入只有 500 元，其余部分应在以后 5 个月才能陆续获得，但在收付实现制下，把3 000元的房屋租金收入全部作为1月份的收入，而不作为以后各月份的收入。所以，收付实现制下企业1月份的收入为3 000元。

二、权责发生制

权责发生制是指企业按收入的权利和支出的义务是否归属于本期来确认收入、费用的标准，而不是按款项的实际收支是否在本期发生，也就是以应收应付为标准。在权责发生制下，凡属本期的收入和费用，不论其是否收到或支付，均要计入本期；凡不属本期的收入、费用，即使在本期收到或支付，也不计入本期。故又叫应收应付制、应计制。

【例2-2】企业4月份用银行存款3 000元支付第二季度的报纸杂志费，计算权责发生制下企业4月份的费用。

解析：4月份费用尽管是一次性支付的，但在权责发生制下，因其受益期为3个月，所以其费用应在3个月分摊。本期应该负担的费用只有1 000元，其余2 000元应归以后各期负担，而不能将3 000元的费用全部记入4月份。所以权责发生制下企业4月份的费用为1 000元。

收付实现制和权责发生制是对收入和费用而言的，都是会计核算中确定本期收入和费用的会计处理方法。但是收付实现制强调款项的收付，权责发生制强调应计的收入和为取得收入而发生的费用相配比。采用收付实现制处理经济业务对反映财务成果欠缺真实性、准确性，一般只有事业单位才用；而企业必须以权责发生制为会计处理基础。

【例2-3】长沙顺达机电设备有限公司2017年4月份收到2017年3月份应收货款10 000元，存入银行；另外，4月份因销售发生并支付费用500元。

要求：分别在收付实现制和权责发生制下确认收入和费用归属的期间。

解析：（1）在收付实现制下顺达机电设备有限公司上述收入归属于4月份，费用归属于4月份。

尽管上述收入不是2017年4月实现的，但因为该项收入是在4月份收到的，所以在收付实现制下应作为4月份的收入；而2017年3月因为没有收到货款，虽然经济业务已经发生了，但是不能作为3月份的收入。同理，4月份发生的费用500元，因为是在4月份支付的，所以应该确认为4月份的费用。

（2）在权责发生制下顺达机电设备有限公司上述收入归属于3月份，费用归属于4月份。

上述收入是3月份实现的，即使是4月份收到的，在权责发生制下应以实际发生的时间作为收入确认的期间，4月份发生并支付费用500元，因为费用是在4月份发生的，所以应该确认为4月份的费用。

小练习2-1

黄河公司10月份销售A产品20 000元，款未收；销售B产品取得转账支票一张，价款8 000元；收到9月份所欠货款5 000元，按权责发生制确定该企业10月份应确认的收入为（　　）元。

A．25 000　　B．28 000　　C．8 000　　D．5 000

第二节 企业筹集资金的核算

要建立一个企业，首先必须筹集到一定数量的资金。筹资是指企业从各种渠道取得资金。企业资金的来源渠道主要是从企业所有者筹集和从企业的债权人筹集。从企业所有者筹集的资金，即所有者投资，属于企业的所有者权益；从企业债权人筹集的资金，属于企业的负债，如银行借款等。

一、实收资本的核算

企业实收资本是指投资者按照企业章程或合同协议的约定，实际投入企业的资本，它是企业所有者权益的主要部分。企业的资本按照投资主体不同，分为国家投入资本、法人投入资本、个人投入资本和外商投入资本等；按照投入资本的不同物质形态，分为货币投资、实物投资、证券投资和无形资产投资等。

1. 账户设置

为了反映和监督企业实收资本的增减变动情况，应设置“实收资本”账户。该账户属于所有者权益类账户，账户结构如下：

借方 实收资本	贷方
实收资本的减少数额（－）	实收资本的增加数额（＋）
	期末余额：企业实有的资本数

该账户应按投资人设置明细账户，进行明细分类核算。

企业收到投资者的投资应按实际投资额入账，企业对于投资者以现金投入的资本应当以实际收到或存入企业开户银行的金额作为实收资本入账。投资者以非现金资产投入的资本，应按投资各方确认的价值作为实收资本入账。

2. 账务处理

【例 2-4】2017 年 9 月 12 日，长沙顺达机电设备制造有限公司收到投资者长沙盛达公司投入资本 60 000 元。

要求：根据双方的投资协议书（凭证 2-1）和从银行取得的进账单（凭证 2-2），编制公司取得投资的记账凭证。

解析：这项经济业务的发生，作为长沙顺达机电设备制造有限公司这一会计主体来说，属于资金进入企业，一方面通过该公司收到的银行进账单确认银行存款增加，记入“银行存款”账户的借方；另一方面通过投资协议书确认长沙盛达公司对该公司的投资也增加，记入“实收资本”账户的贷方。登记记账凭证如凭证 2-3 所示。

凭证 2-1

投资协议书

接受投资单位：长沙顺达机电设备制造有限公司（甲方）

投资单位：长沙盛达公司（乙方）

甲方为筹集开发项目所需资金，经与乙方协作并遵循以下投资规定：

1．乙方对甲方投资陆万元整，签订协议日后三天交清。

2．投资额占甲方全部资金（甲方注册资金陆佰万元整）的 1%，并按此比例享受年利润的分配。

3．乙方不可参与甲方生产经营的监督和管理。

特此协议。

投资单位：长沙盛达公司　　　　接受投资单位：长沙顺达机电设备制造有限公司

（长沙顺达机电设备制造有限公司 合同专用章）

2017 年 9 月 12 日

凭证 2-2

中国工商银行进账单 （收账通知）　　3

2017 年 9 月 12 日

出票人			收款人		
	全　称	长沙盛达公司		全　称	长沙顺达机电设备制造有限公司
	账　号	1101245783447508600		账　号	1102050033238176342
	开户银行	招商银行五一支行		开户银行	中国工商银行长沙东塘支行

金额	人民币（大写）	亿	千	百	十	万	千	百	十	元	角	分
	陆万元整					¥	6	0	0	0	0	0

票据种类	转账支票	票据张数	一张
票据号码	283460669		

中国工商银行 长沙东塘支行 20170912 办讫章

复核　　　　记账　　　　开户银行签章

收款人开户银行交给收款人的收账通知

凭证 2-3

记 账 凭 证

2017 年 9 月 12 日　　　　　　　　　　　　　　　　记 字第 6 号

摘要	总账科目	明细科目	记账√	借方金额										记账√	贷方金额									
				千	百	十	万	千	百	十	元	角	分		千	百	十	万	千	百	十	元	角	分
收到投入的货币资金	银行存款						6	0	0	0	0	0	0											
	实收资本	长沙盛达公司																6	0	0	0	0	0	0
合计						¥	6	0	0	0	0	0	0				¥	6	0	0	0	0	0	0

附件 2 张

会计主管：　　　　记账：尚技　　　　出纳：陈兰　　　　审核：　　　　制单：范云天

小提示

在实际工作中对企业的经济业务核算应填制记账凭证，本书为了方便、节省篇幅，某些经济业务的处理会采用会计分录替代记账凭证。

小练习 2-2

2017 年 10 月 5 日，长沙万仁公司收到长沙城远有限公司作为资本投入的货币资金 400 000 元，款项存入银行；收到长沙天瑞公司作为资本投入的不需安装的设备，经双方协议，按公允价值 50 000 元确认，经税务部门认定增值税税额为 8 500 元。

要求：编制长沙万仁公司的会计分录。

二、借入款项的核算

企业在生产经营过程中，为了弥补生产经营资金的不足，经常需要向银行或其他金融机构借入资金，借入资金按偿还期限不同分为长期借款和短期借款。其中借入期限在一年（含一年）以下的各种借款称为短期借款，借入期限在一年以上的各种借款，称为长期借款。企业借入的各种款项，必须按规定用途使用，按期支付利息并按期归还本金。

1. 账户设置

为了反映和监督企业向银行或其他金融机构借入的款项，应设置“短期借款”“长期借款”“财务费用”等账户。

“短期借款”账户属于负债类（流动负债）账户，账户结构如下：

借方	短期借款 贷方
归还的短期借款（－）	借入的短期借款（＋）
	期末余额：企业尚未偿还的短期借款

该账户应按债权人设置明细账户，并按借款种类进行明细核算。

“长期借款”账户也属于负债类（但属于非流动负债）账户，账户结构如下：

借方	长期借款 贷方
归还的长期借款（－）	借入的长期借款（＋）
	期末余额：企业尚未偿还的长期借款

该账户应按债权人设置明细账户，并按借款种类进行明细核算。

“财务费用”账户属于损益类账户中的费用账户，核算企业为筹集生产经营所需资金而发生的费用，如利息费用、汇兑损失，支付的银行手续费等。该账户结构如下：

借方	财务费用 贷方
本期发生的各项财务费用（＋）	转入“本年利润”账户借方的结转数（－）
期末结转后该账户无余额	

2. 账务处理

【例 2-5】2017 年 1 月 1 日，长沙顺达机电设备制造有限公司从中国工商银行借入 9 个月的借款 480 000 元，年利率为 6%，款项存入银行。

要求：根据借款收据及借款合同编制会计分录。

解析：此项业务发生后，一方面公司银行存款增加，应记入“银行存款”账户的借方，另一方面公司的短期借款也增加，应记入“短期借款”账户的贷方。编制会计分录如下：

借：银行存款　　480 000

　　贷：短期借款　　480 000

【例 2-6】2017 年 10 月 1 日，长沙顺达机电设备制造有限公司从中国工商银行借入 9 个月的借款到期，归还短期借款的本金 480 000 元，并支付利息 21 600 元（原未预提），共计 501 600 元。

要求：编制该项经济业务的会计分录。

解析：企业归还短期借款本金，应记入“短期借款”账户借方；支付以前未预提过的

利息，应记入“财务费用”账户借方。编制会计分录如下：

借：短期借款　480 000
　　财务费用　21 600
　　贷：银行存款　501 600

小提示

企业短期借款利息可采取直接支付的方式，也可采用按月计提按季支付的方式。计算公式如下：

借款利息＝借款本金×借款利率×借款期限

【例 2-7】2017 年 7 月 1 日，长沙顺达机电设备制造有限公司从中国工商银行借入 9 个月的借款本金 480 000 元，年利率为 6%，利息采用按月计提按季支付的方式。

要求：编制公司计提利息、支付利息和偿还借款的会计分录。

解析：每月应计提利息＝480 000×6%÷12＝2 400（元）。

7 月末、8 月末分别计提利息时，编制会计分录如下：

借：财务费用　2 400
　　贷：应付利息　2 400

每季利息＝2 400×3＝7 200（元）。

9 月末支付利息时，按 7 月和 8 月份共计提的利息 4 800 元借记“应付利息”账户，按 9 月份的利息借记“财务费用”账户，编制会计分录如下：

借：应付利息　4 800
　　财务费用　2 400
　　贷：银行存款　7 200

2018 年 3 月 31 日，归还本金和最后一季利息时，编制会计分录如下：

借：应付利息　4 800
　　财务费用　2 400
　　短期借款　480 000
　　贷：银行存款　487 200

【例 2-8】2017 年 10 月 3 日，长沙顺达机电设备制造有限公司从银行借入两年期借款 500 000 元，款项存入银行。

要求：编制会计分录。

解析：编制会计分录如下：

借：银行存款　500 000
　　贷：长期借款　500 000

这项业务属于资金进入企业，长沙顺达机电设备制造有限公司的银行存款和长期借款都增加了500 000元，分别记入“银行存款”账户的借方和“长期借款”账户的贷方。

如果该项借款的利息已按年支付，到期偿还长期借款本金时，则属于资金退出企业，应做相反的会计分录：

借：长期借款　　500 000

　　贷：银行存款　　500 000

小练习 2–3

2017年10月6日，长沙林和公司从银行借入一年期的借款80 000元和三年期的借款800 000元，款项存入银行，一年后短期借款到期，归还一年期短期借款的本金80 000元，并支付利息7 200元（原未计提）。

要求：编制借入款项、支付短期借款本息的会计分录。

小练习 2–4

2017年12月31日，双丰公司根据银行计收利息清单支付应由本季度负担的短期借款利息9 000元（已预提两个月利息）。

要求：编制支付利息的会计分录。

第三节　供应过程的核算

工业企业的生产经营过程包括供应过程、生产过程和销售过程。在供应过程中，企业的主要经济业务是材料的采购和储存。采购过程是企业生产经营过程的第一阶段，在这一过程中企业以货币资金购买各种材料物资，为生产、经营进行必要的物资储备。原材料是企业生产过程中不可缺少的物质要素，在生产过程中，原材料一经投入产品生产将会改变其原有的实物形态，构成产品实体的一部分或因消耗而转化为费用。材料采购业务和因采购而同供应单位发生的结算业务是采购过程的主要经济业务。即企业从供应单位购进各种材料物资，企业支付材料的价款和各种采购费用，与供应单位发生货款结算关系。材料的买价加上各种采购费用，就构成了材料的采购成本。

一、采购材料，材料已验收入库的核算

1. 账户设置

采购材料，且材料已验收入库的业务，应设置的主要账户有“原材料”“应付账款”“应交税费”等账户。

“原材料”账户属于资产类账户，核算企业库存的各种材料的实际成本，账户结构如下：

借方　　　原材料	贷方
已验收入库材料的实际成本（+）	发出材料的实际成本（−）
期末余额：库存材料的实际成本	

该账户按材料种类及规格设置明细账户，进行明细分类核算。

“应付账款”账户属于负债类账户，核算企业因购买材料和接受劳务等经营活动应付给供应单位的款项。该账户结构如下：

借方　　　应付账款	贷方
支付的应付账款（−）	购入材料等尚未支付的款项（+）
	期末余额：企业尚未支付的应付账款余额

该账户应按供应单位（债权人）设置明细账户，进行明细分类核算。

“应交税费”账户核算企业发生的各种税费，包括增值税、消费税、城市维护建设税、教育费附加、地方教育费附加、资源税、城镇土地使用税、企业所得税、个人所得税、土地增值税、房产税、车船税、土地使用税、矿产资源补偿费、印花税、耕地占用税、契税、关税、烟叶税、船舶吨税等。该账户结构如下：

借方　　　应交税费	贷方
实际交纳的税费数（−）	计算应交纳的税费数（+）
期末余额：多交的税费	期末余额：企业尚未交纳的税费

“应交税费”账户应按税种设置明细账户，进行明细分类核算。

小提示

增值税是以商品（含应税劳务、应税行为）在流转过程中实现的增值额作为征收对象的一种流转税。一般纳税企业“应交税费——应交增值税”明细账户借方应设置“进项税额”“已交税金”等专栏，贷方设置“销项税额”“进项税额转出”等专栏。

2. 账务处理

1）购进材料验收入库，同时支付货款（收料与付款同时）

购入材料，支付材料的买价和增值税，材料已验收入库，直接根据收料单借记“原材料”账户，根据增值税专用发票上注明的可抵扣的增值税税额，借记“应交税费——应交增值税（进项税额）”账户，根据银行结算凭证上实际支付的金额，贷记“银行存款”等账户。编制会计分录如下：

借：原材料——××材料

　　应交税费——应交增值税（进项税额）

　　贷：银行存款

购入材料过程中支付材料运杂费等采购费用时，根据取得的增值税专用发票等。编制会计分录如下：

借：原材料——××材料

　　应交税费——应交增值税（进项税额）

　　贷：银行存款

【例 2-9】2017 年 10 月 15 日，长沙顺达机电设备制造有限公司从长沙广达公司购买生产用原材料球墨铸铁 3 000 千克，每千克 6 元，增值税税额为 3 060 元，材料已验收入库，款项采用转账支票结算。

这项经济业务的发生，一方面使企业入库材料——铸铁增加 18 000 元，应直接记入“原材料”账户的借方，发生增值税进项税额 3 060 元，应记入“应交税费——应交增值税”账户的借方。另一方面使企业的银行存款减少 21 060 元，应记入“银行存款”账户的贷方。编制会计分录如下：

借：原材料——铸铁	18 000
应交税费——应交增值税（进项税额）	3 060
贷：银行存款	21 060

小练习 2-5

例 2-9 中，以长沙广达公司为会计主体填写增值税专用发票（凭证 2-4），广达公司基本情况如下：

纳税人识别号：430320494521220；地址、电话：长沙市芙蓉区五一路 10 号 89807033；开户行及账号：中国工商银行五一支行 6324005830132614575。

凭证 2-4

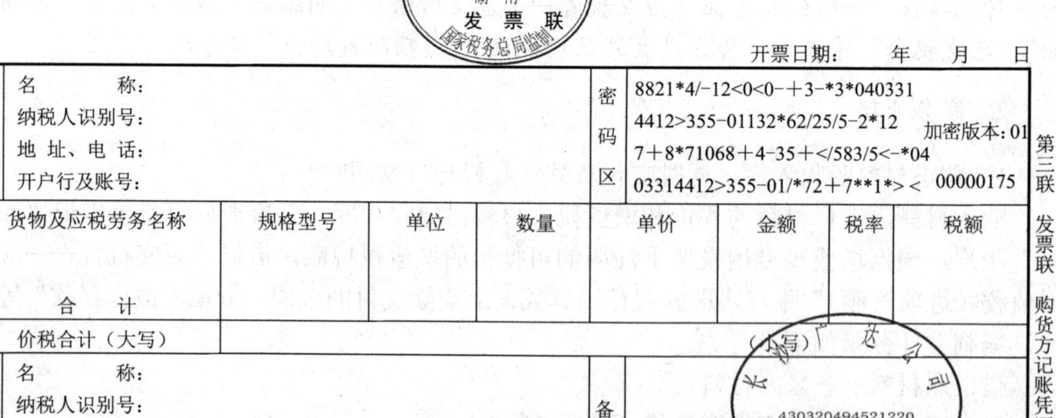

湖南增值税专用发票　　No 00000188

发票联

开票日期：　年　月　日

购货单位	名称： 纳税人识别号： 地址、电话： 开户行及账号：				密码区	8821*4/−12<0<0−＋3−*3*040331 4412>355−01132*62/25/5−2*12　加密版本：01 7＋8*71068＋4−35＋</583/5<−*04 03314412>355−01/*72＋7**1*><　00000175		
货物及应税劳务名称		规格型号	单位	数量	单价	金额	税率	税额
合　计								
价税合计（大写）						（小写）		
销货单位	名称： 纳税人识别号： 地址、电话： 开户行及账号：				备注			

收款人：　　复核：　　开票人：　　销货单位：（章）

第三联 发票联 购货方记账凭证

以长沙顺达机电设备制造有限公司为主体，填写材料入库单（凭证 2-5）、转账支票（凭证 2-6），编制购买材料验收入库的记账凭证（凭证 2-7）。

凭证 2-5

材料入库单（记账凭单）

供货单位：　　　　　　　　　　　　　　　　　　　　材料类别：　　　　　编号：

发票号码：　　　　　　　　年　　月　　日　　　　　材料编号：　　　　　仓库：

材料名称	计量单位	规格型号	数量		实际成本				
			应收	实收	单价	金额	运杂费	其他	合计
备注：					合计				

财务联

采购：　　　　　　检验：　　　　　　保管：　　　　　　主管：　　　　　账务：

凭证 2-6

中国工商银行
转账支票存根

附加信息

出票日期　　年　月　日

收款人：

金　额：

用　途：

单位主管：　　　会计：

付款期限自出票之日起十天

中国工商银行　转账支票

出票日期（大写）　　　年　　月　　日　　　付款行名称：

收款人：　　　　　　　　　　　　　　　　　出票人账号：

人民币（大写）		亿	千	百	十	万	千	百	十	元	角	分

用途　　　　　　　　　　　　　　　密码

上列款项请从　　　　　　　　　　　行号

我账户内支付

出票人签章　　　　　　　　　　　　复核　　　　记账

凭证 2-7

记账凭证

年　月　日　　　　　　　　　　　　　　　　字第　　号

摘要	总账科目	明细科目	记账√	借方金额										记账√	贷方金额								
				千	百	十	万	千	百	十	元	角	分		千	百	十	万	千	百	十	元	角	分
合计																								

附件　张

会计主管：　　　记账：　　　出纳：　　　审核：　　　制单：

小练习 2-6

2017 年 8 月 9 日江龙企业向日丰公司购买水泥 1 000 包，增值税专用发票上注明不含税单价 20 元，共计 20 000 元，增值税 3 400 元，两项合计 23 400 元。款项已开出支票支付，材料验收入库。2017 年 8 月 10 日，江龙企业用存款支付上述购买水泥的运费 1 000 元和与运费有关的增值税 110 元。

要求：编制江龙企业 9 日和 10 日的会计分录。

2）购进材料验收入库，货款未付（先收料，后付款）

购入材料，已经收到发票账单且材料验收入库，但企业暂未支付货款。根据收料单和增值税专用发票编制会计分录如下：

借：原材料——××材料

　　应交税费——应交增值税（进项税额）

　　贷：应付账款

【例 2-10】2017 年 8 月 22 日，长沙顺达机电设备制造有限公司从永庆公司购买电线，价款 5 000 元，增值税 850 元，货款尚未支付，材料验收入库。

这项业务的发生，一方面使企业入库材料采购成本增加 5 000 元，应记入“原材料”账户的借方，发生的增值税进项税额 850 元，应记入“应交税费”账户的借方，另一方面因款项 5 850 尚未支付，应记入“应付账款”账户的贷方。编制会计分录如下：

借：原材料——电线　　　　　　　　　　　　　　5 000

　　应交税费——应交增值税（进项税额）　　　　　850

　　贷：应付账款——永庆公司　　　　　　　　　　5 850

2017 年 8 月 24 日，企业以银行存款 5 850 元支付前欠永庆公司货款时，企业的应付账款和银行存款都减少了 5 850 元。编制会计分录如下：

借：应付账款——永庆公司　　5 850
　　贷：银行存款　　5 850

【例 2-11】2017 年 10 月 22 日，长沙顺达机电设备制造有限公司从常和公司购买人工钻石，价款 200 000 元，增值税税额为 34 000 元，通过银行支付 220 000 元，其余款项尚未支付，材料验收入库。

这项经济业务的发生，一方面使企业入库材料采购成本增加 200 000 元，应记入“原材料”账户的借方，发生的增值税进项税额 34 000 元，应记入“应交税费”账户的借方，另一方面使企业的银行存款减少 220 000 元，应记入“银行存款”账户的贷方，还有 14 000 元尚未支付，应记入“应付账款”账户的贷方。编制会计分录如下：

借：原材料——人工钻石　　200 000
　　应交税费——应交增值税（进项税额）　　34 000
　　贷：银行存款　　220 000
　　　　应付账款——常和公司　　14 000

2017 年 10 月 24 日，长沙顺达机电设备制造有限公司以银行存款 14 000 元实际支付前欠常和公司款项时，则使企业的应付账款和银行存款都减少了 14 000 元。编制会计分录如下：

借：应付账款——常和公司　　14 000
　　贷：银行存款　　14 000

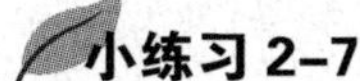
小练习 2-7

2017 年 8 月 22 日，长沙广达工厂从庆丰公司购买沙石，价款 5 200 元，增值税税额为 884 元，货款通过银行支付 5 000 元，其余款项尚未支付，同时以现金支付运费 100 元及相关增值税 11 元，材料验收入库。8 月 23 日，企业以银行存款支付前欠庆丰公司剩余货款。

要求：编制长沙广达工厂 22 日和 23 日的会计分录。

3）材料验收入库，但尚未取得增值税扣税凭证

购进的货物等已到达并验收入库，但尚未收到增值税扣税凭证的，平时不进行账务处理，若月末结算凭证仍未到达，则应按货物清单或相关合同协议上的价格暂估入账。编制会计分录如下：

借：原材料
　　贷：应付账款——暂估应付账款

下月初做相反的会计分录予以冲回：

借：应付账款——暂估应付账款
　　贷：原材料

等收到增值税发票后按单货同到，即上述 1）、2）两种情况进行会计处理。

二、采购材料，材料尚未验收入库的核算

1. 账户设置

企业采购材料，在材料尚未验收入库情况下，应设置“在途物资”账户。该账户属于资产类账户，核算企业采用实际成本进行材料物资的日常核算时，货款已付尚未验收入库的在途物资的采购成本，账户结构如下：

借方　　　　　　　　　　　在途物资	贷方
购买的尚未验收入库的在途材料的买价和采购费用（+）	已验收入库材料的实际成本（−）
期末余额：已经购入但尚未运达或尚未验收入库的在途材料的实际采购成本	

该账户按供应单位和材料品种设置明细账户，进行明细分类核算。

2. 账务处理

1）购进的材料已经支付货款，但材料尚未验收入库（先付款，后收料）

购入材料，支付材料的买价和增值税，材料未到，应编制会计分录如下：

借：在途物资——××材料

　　应交税费——应交增值税（进项税额）

　　贷：银行存款

支付材料的运杂费等采购费用，应编制会计分录如下：

借：在途物资——××材料

　　应交税费——应交增值税（进项税额）

　　贷：银行存款

材料验收入库，结转材料实际采购成本（包括买价和运费等采购费用），应编制会计分录如下：

借：原材料——××材料

　　贷：在途物资——××材料

小提示

会计上的“结转”是指将某一个账户的数额转到另一个账户，从而一个账户的金额减少，另一个账户的金额增加。例如，将“在途物资”账户结转到“原材料”账户，表示“原材料”账户金额增加，“在途物资”账户金额减少。

【例 2-12】 2017 年 8 月 16 日，长沙顺达机电设备制造有限公司从右佑公司购入钢材 100 吨，价款 210 000 元，增值税税额为 35 700 元，运费 4 000 元，运费可以抵扣进项税额 440 元，钢材尚未验收入库，全部款项用存款支付。

这项业务的发生，一方面使在途材料的采购成本增加214 000元（其中材料买价210 000元，运费4 000元），应记入“在途物资”账户的借方；支付的增值税进项税额，应记入“应交税费”账户的借方；支付的全部款项，应记入“银行存款”账户的贷方。编制会计分录如下：

借：在途物资——钢材 214 000

　　应交税费——应交增值税（进项税额） 36 140

　　贷：银行存款 250 140

2017年8月18日上述钢材验收入库时：

借：原材料——钢材 214 000

　　贷：在途物资——钢材 214 000

小练习2–8

2017年8月25日，蓝天企业于从荣光公司购买塑料管，价款10 000元，增值税税额为1 700元，塑料管尚未验收入库，款项用存款支付。8月26日以现金支付运杂费800元及运杂费可抵扣的进项税额88元。8月27日塑料管验收入库。

要求：编制企业相关的会计分录。

2）购进的材料尚未支付货款，材料尚未验收入库

从理论上来说，购进的材料尚未支付货款，应记入“应付账款”账户的贷方；材料未验收入库，应记入“在途物资”账户的借方。编制会计分录如下：

借：在途物资——××材料

　　应交税费——应交增值税（进项税额）

　　贷：应付账款

但实际工作当中，一般不做处理，等款项支付或材料入库时再进行相应账务处理。

三、采用预付货款方式购买材料的核算

1. 账户设置

“预付账款”账户属于资产类账户，核算企业按照购货合同规定预付给供应单位的款项。账户结构如下：

借方　　　　　　　　预付账款	贷方
因购货而预付的款项（+）	收到所购货物而冲减的款项（−）
期末余额：企业预付的款项	期末余额：企业尚未补付的款项

该账户按供应单位设置明细账户，进行明细分类核算。

2. 账务处理

企业因购买材料按合同规定而预付的款项，记入“预付账款”账户（资产类）的借方，以后收到所购材料而冲减预付的款项时，记入“预付账款”账户的贷方。

【例 2-13】2017 年 8 月 20 日，长沙顺达机电设备制造有限公司按购货合同以存款 58 500 元，预付给顺华公司用以订购钢材。

这项经济业务的发生，使企业的银行存款减少，应记入“银行存款”账户的贷方。另一方面预付购货款增加，应记入“预付账款”账户的借方。编制会计分录如下：

借：预付账款——顺华公司　　58 500
　　贷：银行存款　　58 500

2017 年 8 月 22 日，企业收到顺华公司发来上述已预付款的材料验收入库，价款 50 000 元，增值税税额为 8 500 元。

这项经济业务的发生，一方面使预付账款因收到材料需冲销而减少，另一方面使材料的采购成本增加，同时发生了进项税额。编制会计分录如下：

借：原材料——钢材　　50 000
　　应交税费——应交增值税（进项税额）　　8 500
　　贷：预付账款——顺华公司　　58 500

例 2-13 中，若预付货款为 50 000 元，则 8 月 22 日收到钢材时的分录不变，以后补付余款的会计分录如下：

借：预付账款——顺华公司　　8 500
　　贷：银行存款　　8 500

上例中，若预付货款为 60 000 元，则 8 月 22 日收到钢材时的分录不变，以后收到退回余款的会计分录如下：

借：银行存款　　1 500
　　贷：预付账款——顺华公司　　1 500

小练习 2-9

2017 年 8 月 25 日，企业预付给荣光公司 9 000 元购买塑料管，8 月 26 日荣光公司发来塑料管，价款 8 000 元，增值税税额为 1 360 元，运费 600 元，运费应支付的进项税额为 66 元，塑料管验收入库，同时用存款补付剩余款项。

要求：编制相关会计分录。

小练习 2-10

企业 2017 年 8 月 25 日从荣光公司购买钢管价款 40 000 元，增值税税额为 6 800 元。

要求：针对下列几种情况编制不同日期的会计分录。

（1）25 日，货款通过银行支付，同日材料验收入库。

（2）25 日，货款通过银行支付，材料在 28 日验收入库。

（3）25 日，材料验收入库，货款 28 日通过银行支付。

（4）20 日，按合同预付账款 47 000 元，25 日收到材料并验收入库，差额以现金结算。

小提示

企业要进行产品生产，除了材料物资的准备，还要有生产产品的厂房、机器设备等固定资产。因此，需设置“固定资产”账户，该账户核算企业持有的固定资产原价，借方登记企业增加的固定资产原价，贷方登记企业减少的固定资产原价，期末余额在借方反映企业期末固定资产的账面原价。

企业外购的不需要安装的固定资产，应按固定资产的取得成本，借记“固定资产”账户，按购进固定资产时取得的增值税专用发票上的增值税税额借记“应交税费——应交增值税（进项税额）”账户，按支付的款项贷记“银行存款”等账户。

【例 2-14】2017 年 5 月 8 日，长沙顺达机电设备制造有限公司以银行存款购买一台不需安装的多功能打印机，买价 8 000 元，增值税税额为 1 360 元；运输和包装费用 100 元，增值税税额为 11 元。打印机已交付行政办公室使用。编制会计分录如下：

借：固定资产——打印机　　8 100
　　应交税费——应交增值税（进项税额）　　1 371
　　贷：银行存款　　9 471

第四节　企业生产过程的核算

工业企业的基本任务是生产社会需要的产品，因此产品的生产过程是企业生产经营过程的中心环节。为了生产产品，必然要发生各种耗费，对于生产经营过程中发生的与产品生产无直接关系的各项费用，应当直接计入当期损益，不计入产品成本。因此，生产过程核算的主要内容是归集和分配各项费用，计算产品生产成本。

一、发生材料费用的核算

1. 账户设置

“生产成本”账户属于成本类账户，核算企业生产各种产品所发生的生产费用。该账户结构如下：

借方　　　　生产成本	贷方
生产产品所发生的各项直接材料费用、直接人工费用及月末转入的制造费用（＋）	验收入库的完工产品生产成本的结转数（－）
期末余额：反映企业尚未完工的在产品成本	

该账户应按产品的种类设置明细账户，并按成本项目（如直接材料、直接人工）设专栏进行明细核算。

“制造费用”账户属于成本类账户，核算企业生产车间为生产产品和提供劳务而发生的各项间接费用，包括生产车间（分厂）管理人员工资及福利费，生产车间发生的折旧费、办公费、水电费、劳动保护费及物料消耗等，这些间接费用发生时先在“制造费用”账户进行归集，在月末应分配计入产品的生产成本。该账户结构如下：

借方　　　　　　　制造费用	贷方
车间发生的各项间接费用（+）	月末分配转入“生产成本”账户的费用（-）

期末结转后该账户应无期末余额。该账户应按不同的车间设置明细账户，并按费用项目设置专栏，进行明细核算。

“管理费用”账户属于损益类账户中的费用账户，核算企业（厂部）董事会和行政管理部门为组织和管理企业生产经营活动所发生的各项费用支出，包括行政管理部门职工工资及福利费，厂部发生的折旧费、修理费、办公费、水电费、劳动保险费、工会经费、董事会费、开办费、差旅费、业务招待费、职工教育经费、技术转让费、聘请中介机构费、咨询费等。该账户结构如下：

借方　　　　　　　管理费用	贷方
本期发生的各项管理费用（+）	期末转入“本年利润”账户的费用（-）

期末结转后该账户应无期末余额。该账户应按费用项目设置明细账户，进行明细核算。

2. 账务处理

企业生产产品发生的生产费用，应区分可以直接按产品归集的费用和不能按产品归集的费用两种情况。凡是只与一种产品生产有关的各项直接费用，如直接材料费用和直接人工费用等，应按产品进行归集，直接记入“生产成本”账户。凡是与两种或两种以上产品生产有关的直接费用，应按一定的标准分配后再记入“生产成本”账户。而与产品生产有关的各车间组织管理生产所发生的间接费用，应先通过“制造费用”账户进行归集，然后按一定的标准分配后再记入“生产成本”账户。

生产产品平时领用材料，应填写领料单，如凭证 2-8 所示，月末根据当月领料单按不同用途进行汇总，编制当月发出材料汇总表。

凭证 2-8

领　料　单

领用部门：一车间

用途：生产女式上衣　　　　2017 年 8 月 20 日　　　　编号：241

材料编号	材料名称	规格	计量单位	请领数量	实发数量	备注
A23	棉布	一等	匹	8.00	8.00	
合计				8.00	8.00	

第三联　记账联

领料人：黄天舒　　　　发料人：潘清林

【例 2-15】2017 年 8 月，益丰工厂本月根据领料单汇总，编制发出材料汇总表如凭证 2-9 所示。

凭证 2-9

发出材料汇总表

2017 年 8 月 31 日　　单位：元

材料用途	棉布			里子布			棉线			合计金额
	数量	单价	金额	数量	单价	金额	数量	单价	金额	
生产女式上衣	30	600	18 000	30	80	2 400	10	6	60	20 460
生产男式西装	40	600	24 000	40	80	3 200	20	6	120	27 320
车间一般消耗	5	600	3 000							3 000
管理部门耗用				5	80	400	2	6	12	412
合计	75		45 000	75		6 000	32		192	51 192

会计主管：余心　　记账：王容容　　审核：胡哥　　制单：刘丽丽

要求：编制本月发出材料的会计分录。

解析：企业对于生产某种产品领用的材料记入“生产成本”账户的借方，生产车间一般耗用的材料记入“制造费用”账户的借方，企业行政管理部门一般耗用的材料记入“管理费用”账户的借方，发出的各种材料记入“原材料”账户的贷方。

这项业务的发生，一方面使企业的成本费用增加，另一方面使企业的原材料减少，编制会计分录如下：

借：生产成本——女式上衣　　20 460
　　　　　——男式西装　　27 320
　　制造费用　　3 000
　　管理费用　　412
　　贷：原材料——棉布　　45 000
　　　　　　——里子布　　6 000
　　　　　　——棉线　　192

小练习 2-11

2017 年 8 月，双丰公司领用材料汇总表记录如下：生产钢管领用钢材 10 吨，单价 500 元，共计 5 000 元，领用钢丝 5 套，单价 200 元，计 1 000 元；生产塑胶管领用塑料用品 8 吨，单价 320 元，共计 2 560 元，领用钢丝 4 套，计 800 元；车间领用钢丝 3 套，计 600 元；管理部门领用钢丝 2 套，计 400 元。

要求：编制本月发出材料的会计分录。

二、应付职工薪酬的核算

1. 账户设置

应付职工薪酬是指企业根据有关规定应付给职工的各种薪酬，包括职工工资、奖金、津贴和补贴，职工福利费，社会保险费，住房公积金、工会经费、职工教育经费等。企业应当设置“应付职工薪酬”账户，核算应付职工薪酬的提取、结算等情况。

“应付职工薪酬”账户属于负债类账户，核算企业应付职工薪酬的提取、结算、分配及使用情况。该账户结构如下：

借方	应付职工薪酬　　　　贷方
实际发放的职工薪酬（－）	已分配计入有关成本费用的职工薪酬（＋）
	期末余额：企业应付未付的职工薪酬

该账户按“工资、奖金、津贴和补贴”“职工福利费”“非货币性福利”“社会保险费”“住房公积金”“工会经费和职工教育经费”“带薪缺勤”“利润分享计划”“设定提存计划”“设定受益计划义务”“辞退福利”等职工薪酬项目设置明细账户进行明细核算。

2. 账务处理

企业分配或提取职工薪酬（如工资）时，对于生产部门生产工人的职工薪酬，记入“生产成本”账户的借方；车间管理部门人员的职工薪酬，记入“制造费用”账户的借方；企业行政管理部门人员的职工薪酬，记入“管理费用”账户的借方；销售人员的职工薪酬，记入“销售费用”账户的借方，同时记入“应付职工薪酬——工资、奖金、津贴和补贴”账户的贷方。企业按照有关规定向职工支付的工资、奖金、津贴等，应借记“应付职工薪酬——工资、奖金、津贴和补贴”账户，贷记“银行存款”“库存现金”等账户。

【例 2-16】2017 年 8 月，长沙顺达机电设备制造有限公司分配本月职工工资总额 81 800 元。应付职工薪酬分配表如凭证 2-10 所示，并以银行存款（银行卡）直接支付。

要求：编制本月应付职工薪酬的会计分录。

解析：分配确认本月应付职工工资时，编制会计分录如下：

借：生产成本——焊接机　　33 200
　　　　　　——电机　　26 000
　　制造费用　　6 200
　　管理费用　　16 400
　　贷：应付职工薪酬——工资、奖金、津贴和补贴　　81 800

实际向职工支付工资时，编制会计分录如下：

借：应付职工薪酬——工资、奖金、津贴和补贴　　81 800
　　贷：银行存款　　81 800

凭证 2-10

工资结算表

2017 年 8 月 31 日

编号	姓名	部门	基本工资	津贴	奖金	缺勤应扣		应付工资	代扣款项		实发工资	签收
						事假	迟到早退		代扣税款	其他代扣		
1	（略）	生产工人	50 000.00	2 600.00	6 600.00	—	—	59 200.00			59 200.00	
		（焊接机）	28 000.00	1 600.00	3 600.00	—	—	33 200.00			33 200.00	
		（电机）	22 000.00	1 000.00	3 000.00	—	—	26 000.00			26 000.00	
2	（略）	车间管理人员	4 000.00	800.00	1 400.00	—	—	6 200.00			6 200.00	
3	（略）	行政管理人员	12 000.00	1 600.00	2 800.00	—	—	16 400.00			16 400.00	
合计			66 000.00	5 000.00	10 800.00			81 800.00			81 800.00	

主管：崇德　　审核：尚技　　部门负责人：王五　　制表：范云天

小提示

企业如果已经提取现金并以现金支付工资，则贷记“库存现金”账户。

小练习 2-12

2017 年 8 月，双丰公司根据应付职工薪酬分配表，应付生产钢管的生产工人工资 25 000 元、生产塑胶管的工人工资 12 000 元、车间管理人员工资 4 600 元、行政管理人员工资 4 400 元。

要求：编制分配本月职工薪酬的会计分录。

三、折旧费用的核算

1. 账户设置

固定资产作为企业的主要劳动资料，在使用过程中始终保持原有的实物形态，但价值会因使用磨损而逐渐减少，固定资产由于使用磨损而逐渐损耗的价值称为固定资产折旧。企业应按固定资产的原始价值和核定的折旧率按月计提固定资产折旧，企业应当通过“累计折旧”账户核算企业固定资产的累计折旧额。“累计折旧”账户属于资产类账户，是“固定资产”账户的抵减账户，该账户结构如下：

借方	累计折旧　　　　　　　　　　　　贷方
折旧的减少数或转销数（－）	计提固定资产的折旧数（＋）
	期末余额：企业累计已提固定资产的折旧数额

2. 账务处理

生产车间的固定资产折旧费记入“制造费用”账户的借方，企业行政管理部门固定资产的折旧费记入“管理费用”账户的借方，企业计提的固定资产折旧记入“累计折旧”账户的贷方。

【例 2-17】 2017 年 10 月末，长沙顺达机电设备制造有限公司计提固定资产折旧 8 000 元，其中车间使用的固定资产折旧 4 500 元，厂部使用的固定资产折旧 3 500 元。

这项业务的发生，一方面使企业的成本费用增加，另一方面使企业的固定资产折旧额增加。编制会计分录如下：

借：制造费用　　　　4 500
　　管理费用　　　　3 500
　　贷：累计折旧　　　　8 000

小提示

企业固定资产项目是通过两个账户来核算的，其中“固定资产”账户是用以记录和反映企业固定资产的原始价值的，余额在借方，“累计折旧”账户是用以记录和反映企业固定资产的损耗价值的，余额在贷方，将“固定资产”账户的借方余额减去“累计折旧”账户贷方余额即为固定资产的净值。

小练习 2-13

2017 年 8 月末，双丰公司计提固定资产折旧，其中车间固定资产计提折旧 500 000 元，厂部固定资产计提折旧 300 000 元，销售部门固定资产计提折旧 250 000 元。

要求：编制计提折旧的会计分录。

四、支付水电等其他费用的核算

企业支付水电费、办公费、租赁费等其他费用，应按发生的地点归集，如果发生在车间就记入“制造费用”账户，发生在厂部、管理部门就记入“管理费用”账户。

1. 支付电费的核算

企业对于当月发生的电费，应区分动力用电和照明用电，动力用电的费用应记入产品的“生产成本”账户的借方，照明用电的费用应记入“制造费用”账户（车间发生的）和“管理费用”账户（厂部发生的）的借方。如果当月发生的电费当月尚未支付，则通过“应付账款”账户的贷方核算。月末根据电费清单，分配当月电费时（尚未支付），编制会计分录如下：

借：生产成本——××产品
　　制造费用
　　管理费用
　　贷：应付账款——供电部门

以后实际支付电费时，借记“应付账款”账户，贷记“银行存款”账户。

【例 2-18】2017 年 8 月 20 日，长沙顺达机电设备制造有限公司取得电力部门提供的电费清单结算本月应付的电费 10 000 元，其中生产车间生产产品用电 8 800 元，车间管理部门耗电 400 元，行政管理部门耗电 800 元。25 日，长沙顺达机电设备制造有限公司支付电力部门电费。

20 日分配电费时，编制会计分录如下：

科目	借方	贷方
借：生产成本	8 800	
制造费用	400	
管理费用	800	
贷：应付账款——供电部门		10 000

25 日支付电费时，会计分录如下：

科目	借方	贷方
借：应付账款——供电部门	10 000	
贷：银行存款		10 000

小提示

企业对于当月发生的水费，其核算方法同电费核算。

小练习 2-14

2017 年 8 月 20 日，双丰公司根据供水部门提供的水费清单结算本月应付的水费为 4 500 元，其中制造钢管用水 2 500 元，制造塑胶管用水 1 000 元，生产车间管理部门用水 600 元，行政管理部门用水 400 元，水费尚未支付；24 日，双丰公司开出转账支票支付水费。

要求：编制双丰公司的会计分录。

2. 支付办公费用的核算

【例 2-19】2017 年 8 月 22 日，长沙顺达机电设备制造有限公司财务科报销办公用品费 900 元，以现金支付，取得零售发票，如凭证 2-11 所示。

凭证 2-11

零售发票

客户（购货单位）：长沙顺达机电设备制造有限公司　　2017 年 8 月 22 日（发票联）

货物名称	单位	数量	单价	金额
办公用品（笔）	支	30	20	600.00
办公用品（本子）	个	30	10	300.00
合计				900.00
金额	人民币（大写）玖佰元整　现金付讫			

收款单位：红旗商场　　复核：　　制单：　　经办人：刘华云

这项业务的发生，使企业的现金减少，管理费用增加，编制记账凭证，如凭证 2-12 所示。

凭证 2-12

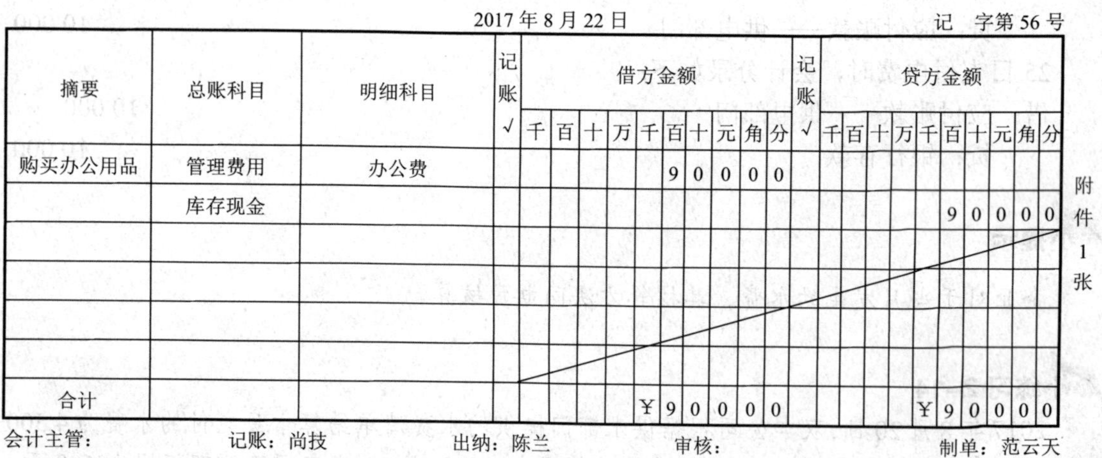

记账凭证

2017 年 8 月 22 日　　记 字第 56 号

摘要	总账科目	明细科目	记账√	借方金额										记账√	贷方金额									
				千	百	十	万	千	百	十	元	角	分		千	百	十	万	千	百	十	元	角	分
购买办公用品	管理费用	办公费							9	0	0	0	0											
	库存现金																			9	0	0	0	0
合计								¥	9	0	0	0	0						¥	9	0	0	0	0

附件 1 张

会计主管：　　记账：尚技　　出纳：陈兰　　审核：　　制单：范云天

3. 差旅费的核算

企业发生的差旅费应记入“管理费用”“销售费用”等账户，对于数额较大的差旅费也

可以采用先预借后报销的做法。企业预先借给出差人员的差旅费应通过“其他应收款”账户核算，待出差人员出差归来报销差旅费时，再冲减“其他应收款”账户，转入“管理费用”账户。预借数与报销数之间的差额通过“库存现金”账户多退少补。

【例 2-20】2017 年 8 月 25 日，长沙顺达机电设备制造有限公司厂长楚四出差预借差旅费 3 500 元，以现金支付。借支单如凭证 2-13 所示。

凭证 2-13

借　支　单

2017 年 8 月 25 日

借款部门	办公室	职务	厂长	出差人姓名	楚四
借款事由	出差开会				
借款金额人民币（大写）	叁仟伍佰元整				
批准人	王五	部门负责人	范九	收款人	楚四

这项业务的发生导致企业的现金减少，但出差的行为尚未发生或完成，所以企业对于预借的差旅费应记入“其他应收款”账户。编制会计分录如下：

借：其他应收款——楚四　　3 500

　　贷：库存现金　　3 500

【例 2-21】8 月 30 日，楚四出差归来报销差旅费 3 200 元（其中往返车费 1 000 元，出差 5 天每天补贴 200 元，住宿 4 晚每晚 300 元）。差旅费报销单如凭证 2-14 所示。

凭证 2-14

差旅费报销单

姓名：楚四　　部门：办公室　　日期：2017 年 8 月 30 日　　出差事由：出差开会

出发地			到达地			公出补助			车船飞机费	卧铺	住宿费	市内车费	邮电费	其他	合计
月	日	地点	月	日	地点	天数	标准	金额							
8	25	长沙	8	25	武汉	5	200	1 000.00	500.00		1 200.00				2 700.00
8	29	武汉			长沙				500.00						500.00
合计								1 000.00	1 000.00		1 200.00				3 200.00
总计人民币（大写）：叁仟贰佰元整															
预支			¥3 500.00		核销	¥3 200.00		退补	¥300.00						

会计主管：王五　　部门：陈兰　　报销人：楚四　　审核人：尚技

报销差旅费时，根据差旅费报销单，编制会计分录如下：

借：管理费用——差旅费　　3 200
　　库存现金　　300
　　贷：其他应收款——楚四　　3 500

【例 2-22】如果厂长楚四出差归来，企业实际报销其差旅费 3 600 元，补付现金 100 元，编制会计分录如下：

借：管理费用——差旅费　　3 600
　　贷：其他应收款——楚四　　3 500
　　　　库存现金　　100

小练习 2-15

双丰公司 2017 年 8 月 26 日以现金预借会计李燕出差（从长沙到天津）的差旅费 3 800 元，29 日报销李燕差旅费 3 620 元（其中往返车费 1 800 元，出差 4 天每天补贴 180 元，住宿 3 晚每晚 200 元，会务费 500 元），收回现金 180 元。

要求：（1）填写差旅费报销单，如凭证 2-15 所示。

（2）编制 8 月 26 日和 29 日的会计分录。

凭证 2-15

差旅费报销单

姓名：　　部门：　　日期：　　出差事由：

出发地			到达地			公出补助			车船飞机费	卧铺	住宿费	市内车费	邮电费	其他	合计
月	日	地点	月	日	地点	天数	标准	金额							
合计															
总计人民币（大写）：															
预支			核销				退补								

会计主管：　　出纳：　　报销人：　　审核人：

五、月末结转制造费用的核算

制造费用是企业产品生产成本的组成部分，月份终了应将企业本月发生的制造费用总额全部结转（或分配）到产品的生产成本中去，应借记“生产成本”账户，贷记“制造费用”账户。

【例 2-23】2017 年 10 月 31 日，长沙顺达机电设备制造有限公司将本月归集的制造费用总额 120 000 元，分配到两种产品焊接机和吸尘器中去，其中吸尘器分配 40%，焊接机

分配 60%。

这项业务的发生，一方面使企业的生产成本增加，另一方面使制造费用因结转而减少。编制会计分录如下：

借：生产成本——吸尘器　　48 000
　　　　　　——焊接机　　72 000
　贷：制造费用　　120 000

小练习 2-16

2017 年 8 月 31 日，双丰公司将本月车间制造费用 120 000 元全部结转到"生产成本"账户，其中钢管分配 84 000 元，塑胶管分配 36 000 元。

要求：编制结转制造费用的会计分录。

六、月末结转完工产品成本的核算

企业本月生产的产品完工并验收入库，月末还应结转完工入库产品的实际生产成本，借记"库存商品"账户，贷记"生产成本"账户。如果产品没有生产完工，则不需要做结转的分录。"生产成本"账户的期末借方余额表示尚未生产完工的在产品实际成本。

【例 2-24】2017 年 8 月 31 日，长沙顺达机电设备制造有限公司生产完工焊接机 50 台，每台 70 000 元，电机 400 台，每台成本 1 500 元。结转完工产品成本的会计分录如下：

借：库存商品——焊接机　　3 500 000
　　　　　　——电机　　600 000
　贷：生产成本——焊接机　　3 500 000
　　　　　　　——吸尘器　　600 000

小练习 2-17

企业本月生产的 A、B 两种产品，均已生产完工验收入库（无期初、期末在产品）。本月共发生制造费用 42 000 元，已分配计入产品成本。有关资料如表 2-1 所示。

表 2-1　企业本月生产 A、B 两种产品的资料

产品品种	产量/件	生产工时/小时	直接材料/元	直接人工/元	制造费用/元
A 产品	1 980	6 000	69 000	43 000	18 000
B 产品	1 700	8 000	72 000	48 000	24 000
合计	3 680	14 000	141 000	91 000	42 000

要求：（1）编制月末分配结转制造费用的会计分录。

（2）计算 A、B 产品的生产总成本和单位生产成本（生产总成本＝直接材料＋直接人工＋制造费用）。

（3）编制月末结转完工入库产品成本的会计分录。

第五节 企业销售过程的核算

销售过程是通过对企业产品（库存商品）、材料的销售，收回货款来实现企业产品价值的过程。在产品销售过程中，企业要确认产品、材料销售收入的实现，与购买单位办理结算，收回货款；结转销售成本；支付销售费用；计算和交纳产品销售税金；确定销售利润。

一、主营业务收入的核算

工业企业主营业务收入主要是指产品销售收入。产品销售收入应按企业与购货方签订的合同或协议金额或双方接受的金额确定。计算公式如下：

产品销售收入＝产品销售数量×单位售价

1. 账户设置

核算主营业务收入，企业应设置“主营业务收入”“应收账款”“预收账款”等账户。

“主营业务收入”账户属于损益类账户，用来核算和监督企业销售产品或提供劳务等日常活动中取得的收入。该账户结构如下：

借方　　　　　主营业务收入	贷方
（1）发生销售退回或销售折让冲减的销售收入（－） （2）期末转入“本年利润”账户的金额（－）	销售商品、提供劳务实现的销售收入（＋）
	期末结转后无余额

该账户按产品类别设置明细账户并进行明细核算。

“应收账款”账户属于资产类账户，用来核算和监督企业因销售商品向购买单位收取货款的结算情况。该账户结构如下：

借方　　　　　应收账款	贷方
应收的销售款（＋）	已收回的销货款（－）
期末余额：尚未收回的款项	

该账户按购买单位设置明细账户，进行明细分类核算。

“预收账款”账户属于负债类账户，核算企业按合同规定向购货单位预收的款项。该账户结构如下：

借方　　　　　预收账款	贷方
用商品或劳务抵偿的预收货款（－）	收到的预收款项（＋）
期末余额：企业应补收的款项	期末余额：尚未用商品或劳务偿付的预收账款数额

该账户按购买单位设置明细账户并进行明细分类核算。

2. 账务处理

1）企业销售商品，取得收入，款项收到的核算

【例 2-25】长沙顺达机电设备制造有限公司（生产企业）向长沙福乐商场销售吸尘器

10 件，每件售价 3 000 元，增值税税额为 5 100 元，已开具增值税专用发票，如凭证 2-16 所示，款项收到转账支票，当日到银行办理了进账手续，银行进账单如凭证 2-17 所示。

凭证 2-16

湖南增值税专用发票　　　No 62341

发票联

开票日期：2017 年 8 月 25 日

购货单位	名　　称：长沙福乐商场 纳税人识别号：080745652501090 地 址、电 话：0731-42875450 开户行及账号：中国银行开福支行 818457890879			密码区	8821*4/-12<0<9-+3-*3*040331 4412>355-01132*62/25/5-2*12 7+8*71068+4-35+</583/5<-*04 03314412>355-01/*72+7**1*><	加密版本：01 62341		
货物或应税劳务名称	规格型号	单位	数量	单价	金额	税率	税额	
吸尘器	甲等	件	10.00	3 000.00	30 000.00	17%	5 100.00	
合　计			10.00		¥30 000.00		¥5 100.00	
价税合计（大写）	人民币叁万伍仟壹佰元整					（小写）¥35 100.00		
销货单位	名　　称：长沙顺达机电设备制造有限公司 纳税人识别号：430109845689895 地 址、电 话：长沙市劳动中路 108 号 0731-84295089 开户行及账号：中国工商银行长沙劳动路支行 110237687230018997			备注	长沙顺达机电设备制造有限公司 430510984568989 发票专用章			

收款人：　　复核：　　开票人：秦奋　　销货单位：（章）

第三联 发票联 购货方记账凭证

凭证 2-17

中国工商银行进账单（收账通知）　　3

2017 年 8 月 25 日

出票人	全　称	长沙福乐商场	收款人	全　称	长沙顺达机电设备制造有限公司
	账　号	080745652501090		账　号	110237687230018997
	开户银行	中国银行开福支行		开户银行	中国工商银行长沙劳动路支行

金额	人民币（大写）	叁万伍仟壹佰元整	亿	千	百	十	万	千	百	十	元	角	分
						¥	3	5	1	0	0	0	0

票据种类	转账支票	票据张数	1
票据号码	62341		

复核　　记账　　开户银行签章

长沙顺达机电设备制造公司 长沙劳动路支行 20170516 办讫章

收款人开户银行交给收款人的收账通知

这项业务发生，长沙顺达机电设备制造有限公司一方面银行存款增加，另一方面销售收入、应交税费增加。会计上应按照销售收入和应收取的增值税税额，借记“银行存款”账户，按专用发票上注明的增值税税额，贷记“应交税费——应交增值税（销项税额）”账户，按照实现的销售收入，贷记“主营业务收入”账户。编制记账凭证如凭证 2-18 所示。

凭证 2-18

记 账 凭 证

2017 年 8 月 25 日　　　　记　字第 63 号

摘要	总账科目	明细科目	记账√	借方金额										记账√	贷方金额									
				千	百	十	万	千	百	十	元	角	分		千	百	十	万	千	百	十	元	角	分
销售产品款项已收	银行存款						3	5	1	0	0	0	0											
	主营业务收入	吸尘器																3	0	0	0	0	0	0
	应交税费	应交增值税（销项税额）																	5	1	0	0	0	0
合计						¥	3	5	1	0	0	0	0				¥	3	5	1	0	0	0	0

附件 2 张

会计主管：　　记账：尚技　　出纳：陈兰　　审核：　　制单：范云天

小提示

企业当期应交的增值税为当期销项税额减当期进项税额后的差额。企业交纳增值税时，借记“应交税费——应交增值税（已交税金）”账户，贷记“银行存款”账户。

2）企业销售商品，取得收入，款项尚未收到的核算

【例 2-26】长沙顺达机电设备制造有限公司向广东华润工厂销售 5 台干燥箱烘箱，每台售价 2 600 元，增值税税额为 2 210 元，商品已发出，采用托收承付结算方式，已填写托收凭证并取回回单，如凭证 2-19 所示。

这项业务发生，一方面使企业的应收账款增加，另一方面使企业的销售收入、应交税费增加。编制会计分录如下：

借：应收账款——华润工厂　　15 210

　贷：主营业务收入——干燥箱烘箱　　13 000

　　　应交税费——应交增值税（销项税额）　　2 210

凭证 2-19

托收凭证（受理回单）　　1

委托日期 2017 年 8 月 26 日

<table>
<tr><td>业务类型</td><td colspan="15">委托收款（☐邮划　☐电划）托付承付（☐邮划　☑电划）</td></tr>
<tr><td rowspan="3">付款人</td><td>全称</td><td colspan="3">广东华润工厂</td><td rowspan="3">收款人</td><td>全称</td><td colspan="9">长沙顺达机电设备制造有限公司</td></tr>
<tr><td>账号</td><td colspan="3">348757894379</td><td>账号</td><td colspan="9">110237687230018997</td></tr>
<tr><td>地址</td><td>广东 省　市/县</td><td>开户行</td><td>中国工商银行人民路支行</td><td>地址</td><td colspan="3">湖南 省 长沙 市/县</td><td colspan="2">开户行</td><td colspan="4">中国工商银行长沙劳动路支行</td></tr>
<tr><td rowspan="2">金额</td><td colspan="4" rowspan="2">人民币（大写）　壹万伍仟贰佰壹拾元整</td><td>亿</td><td>千</td><td>百</td><td>十</td><td>万</td><td>千</td><td>百</td><td>十</td><td>元</td><td>角</td><td>分</td></tr>
<tr><td></td><td></td><td></td><td>￥</td><td>1</td><td>5</td><td>2</td><td>1</td><td>0</td><td>0</td><td>0</td></tr>
<tr><td colspan="2">款项内容</td><td>货款</td><td>托收凭据名称</td><td colspan="2">发票、合同</td><td colspan="4">附寄单证张数</td><td colspan="6">2</td></tr>
<tr><td colspan="2">商品发运情况</td><td colspan="3">已发运</td><td colspan="3">合同名称号码</td><td colspan="8"></td></tr>
<tr><td colspan="3">备注：
复核　　　记账</td><td colspan="3">款项收妥日期
年　月　日</td><td colspan="10">收款人开户银行签章
年　月　日</td></tr>
</table>

此联作收款人开户银行给收款人的受理回单

3）企业采用预收货款方式销售商品的核算

【例 2-27】 2017 年 4 月 25 日，长沙顺达机电设备制造有限公司按购销协议收到永华公司预付 3 台焊接机价款 240 000 元，款项存入银行。2017 年 5 月 25 日，长沙顺达机电设备制造有限公司发出焊接机，售价 240 000 元，增值税税额为 40 800 元。2017 年 5 月 28 日收到永华公司补付货款 40 800 元，款项存入银行。

4 月 25 日收到永华公司预付的货款，编制会计分录如下：

借：银行存款　　240 000

　　贷：预收账款——永华公司　　240 000

5 月 25 日向永华公司发出商品，编制会计分录如下：

借：预收账款——永华公司　　280 800

　　贷：主营业务收入　　240 000

　　　　应交税费——应交增值税（销项税额）　　40 800

5 月 28 日收到永华公司补付的货款，会计分录如下：

借：银行存款　　40 800

　　贷：预收账款——永华公司　　40 800

小练习 2-18

长城公司销售给天山公司甲产品 100 件，每件售价 300 元，计 30 000 元，增值税销项税额为 5 100 元，款项原已预收 30 000 元。

要求：编制长城公司销售产品的会计分录。

二、其他业务收入的核算

工业企业其他业务收入主要是指企业从事除主营业务以外的其他业务活动所取得的收入，具有不经常发生，每笔业务金额一般较小，占收入的比重较低等特点。

1. 账户设置

企业其他业务收入的核算，需设置“其他业务收入”账户。该账户属于损益类账户，用来核算企业确认的除主营业务活动以外的其他经营活动实现的收入，如材料销售、出租业务等实现的收入，账户结构如下：

借方　　　　其他业务收入　　　　贷方

借方	贷方
期末转入“本年利润”账户的其他业务收入（－）	实现的其他业务收入（＋）
	期末结转后无余额

2. 账务处理

【例 2-28】长沙顺达机电设备制造有限公司销售给晟迪工厂铝材料 10 吨，每吨售价 4 000 元，计 40 000 元，增值税税额为 6 800 元，款项已收存银行。编制会计分录如下：

借：银行存款　　46 800

　贷：其他业务收入　　40 000

　　　应交税费——应交增值税（销项税额）　　6 800

小练习 2-19

长城公司销售给励志公司 B 材料 500 千克，每千克售价 40 元，计 20 000 元，增值税销项税额 3 400 元，款项尚未收到。

要求：编制长城公司销售材料的会计分录。

三、销售成本结转的核算

1. 账户设置

“主营业务成本”账户属于损益类账户，主要用来核算和监督企业已销售商品的生产成本的计算和结转情况。该账户结构如下：

借方　　　　主营业务成本　　　　贷方

借方	贷方
计算应结转的已销产品的生产成本（＋）	期末转入“本年利润”账户的金额（－）
期末结转后无余额	

该账户按商品类别设置明细账户并进行明细分类核算。

“其他业务成本”账户属于损益类账户，用来核算企业确认的除主营业务活动以外的其

他经营活动所发生的支出，包括销售材料的成本等。该账户结构如下：

借方　　　　　　　　其他业务成本	贷方
发生的其他业务支出（+）	期末转入“本年利润”账户的金额（−）
期末结转后无余额	

2. 账务处理

1）主营业务成本的核算

工业企业的主营业务成本主要是指已销售产品的实际生产成本。计算公式如下：

销售产品成本＝销售产品数量×单位生产成本

企业在销售产品以后应结转产品销售的实际生产成本，借记“主营业务成本”账户，贷记“库存商品”账户。

【例 2-29】企业结转本月已销售 3 台焊接机的实际成本（单位生产成本 70 000 元）210 000 元。

这项业务的发生，一方面使企业的商品销售成本增加，应记入“主营业务成本”账户的借方；另一方面使企业的产成品减少，应记入“库存商品”账户的贷方。编制会计分录如下：

借：主营业务成本——焊接机　　210 000
　　贷：库存商品——焊接机　　210 000

小练习 2–20

2017 年 6 月 10 日，宏远电器制造有限责任公司销售 120 件电器给长江商场，每件电器售价 350 元，每件成本价 280 元，增值税税额为 7 140 元，货款暂未收到。

要求：编制企业销售产品取得收入和结转产品销售成本的会计分录。

2）其他业务成本的核算

工业企业的其他业务成本主要是指已销售材料的实际成本。计算公式如下：

销售材料成本＝销售材料数量×单位采购成本

企业在销售材料以后应结转其销售成本，借记“其他业务成本”账户，贷记“原材料”账户。

【例 2-30】2017 年 5 月 12 日，长沙顺达机电设备制造有限公司销售给晟迪工厂一批铝材料，该批铝材料进价为 38 000 元。编制会计分录如下：

借：其他业务成本　　38 000
　　贷：原材料——铝材料　　38 000

四、发生销售费用的核算

1. 账户设置

“销售费用”账户属于损益类账户，用来核算和监督企业在销售过程中发生的包装费、运输费、广告费、装卸费、保险费、展览费、租赁费、商品维修费、预计产品质量保障损失、销售服务费，以及企业发生的为销售商品而专设销售机构的职工薪酬、业务费、折旧费、固定资产维修费等费用。该账户结构如下：

借方 销售费用	贷方
企业发生的各项销售费用（+）	期末转入“本年利润”账户的金额（-）
期末结转后无余额	

该账户按费用项目进行明细分类核算。

2. 账务处理

【例 2-31】2017 年 5 月 28 日，长沙顺达机电设备制造有限公司以银行存款支付商品广告费 18 000 元，用现金支付销售商品的包装费 500 元。

这项经济业务的发生，一方面使企业的销售费用增加，另一方面使企业的银行存款、现金减少。编制会计分录如下：

借：销售费用——广告费　　18 000

　　贷：银行存款　　18 000

借：销售费用——包装费　　500

　　贷：库存现金　　500

小练习 2-21

2017 年 3 月 31 日，宏远电器制造有限责任公司计提本月销售部门的固定资产折旧费 3 500 元。

要求：编制企业计提折旧的会计分录。

五、计提销售税金的核算

1. 账户设置

“税金及附加”账户属于损益类账户，主要用来核算和监督应由销售商品和提供劳务等负担的各种销售税金（如消费税、资源税、城市维护建设税等）和教育费附加。该账户结构如下：

借方 税金及附加	贷方
本月经营活动发生的税金及附加（+）	期末转入“本年利润”账户的金额（-）
期末结转后无余额	

该账户应按税费种类设置明细账户并进行明细分类核算。

2. 账务处理

【例 2-32】2017 年 5 月，长沙顺达机电设备制造有限公司应交纳的增值税税额为

11 050 元，月末按 7%计提应交纳的城市维护建设税，按 3%计提教育费附加。

应交城市维护建设税＝11 050×7%＝773.5（元）。

应交教育费附加＝11 050×3%＝331.5（元）。

编制会计分录如下：

借：税金及附加　　1 105
　　贷：应交税费——应交城市维护建设税　　773.5
　　　　　　　　——应交教育费附加　　331.5

企业用银行存款交纳城市维护建设税和教育费附加时，会计分录如下：

借：应交税费——应交城市维护建设税　　773.5
　　　　　　——应交教育费附加　　331.5
　　贷：银行存款　　1 105

第六节　利润形成和分配的核算

一、利润指标的计算

利润包括收入减去费用后的净额、直接计入当期利润的利得和损失等。企业的利润包括营业利润、利润总额和净利润。

1. 营业利润的计算

营业利润的计算公式如下：

营业利润＝营业收入－营业成本－税金及附加－销售费用－管理费用－财务费用
－资产减值损失＋公允价值变动收益（或－公允价值变动损失）
＋投资收益（或－投资损失）

其中：　营业收入＝主营业务收入＋其他业务收入
营业成本＝主营业务成本＋其他业务成本

2. 利润总额的计算

利润总额的计算公式如下：

利润总额＝营业利润＋营业外收入－营业外支出

3. 净利润的计算

净利润的计算公式如下：

净利润＝利润总额－所得税费用

二、企业所得税的核算

利润是企业在一定会计期间的经营成果，企业实现的利润应当依法交纳所得税。所得税的计税依据为应纳税所得额。计算公式如下：

应纳税所得额＝利润总额＋纳税调整增加额－纳税调整减少额

应交所得税额＝应纳税所得额×所得税税率

上式中利润总额即税前会计利润，纳税调整增加额主要包括税法规定允许扣除项目中，企业已计入当期费用但超过税法规定扣除标准的金额，以及企业已计入当期费用但税法规定不允许扣除项目的金额（如税收滞纳金、罚款、罚金等）。纳税调整减少额主要包括按税法规定允许弥补的亏损和准予免税的项目，如前五年内的未弥补亏损和国债利息收入等。

1. 账户设置

“所得税费用”账户属于损益类账户，核算企业按规定从当期利润总额中扣除的所得税费用，账户结构如下：

借方	所得税费用　　　　　贷方
企业当期按税法规定计算的应交所得税（＋）	期末转入“本年利润”账户的金额（－）
期末结转后无余额	

2. 账务处理

【例 2-33】 企业 2017 年 5 月按会计制度计算的利润总额为 281 000 元，没有纳税调整数额，所得税税率为 25%，填写企业所得税计算表如凭证 2-20 所示。企业所得税的计算和会计处理如下：

凭证 2-20

月度应交企业所得税计算表

2017 年 5 月 31 日

项目	金额
利润总额	281 000.00
税率	0.25
应纳税所得额	70 250.00
已预缴所得税额	0.00
应补缴的所得税额	70 250.00

制表：范林新　　　　审核：李乐乐

（1）计提应交所得税＝281 000×25%＝70 250（元），编制会计分录如下：

借：所得税费用　　　　70 250

　　贷：应交税费——应交所得税　　　　70 250

（2）以银行存款实际交纳所得税，编制会计分录如下：

借：应交税费——应交所得税　　70 250

　　贷：银行存款　　70 250

（3）期末，将“所得税费用”账户余额转入“本年利润”账户，编制会计分录如下：

借：本年利润　　70 250

　　贷：所得税费用　　70 250

三、营业外收支的核算

1. 账户设置

营业外收支指企业发生的与其生产经营无直接关系的各项收入和支出。企业营业外收支的核算应设置“营业外收入”和“营业外支出”账户。

“营业外收入”账户核算企业发生的与其生产经营无直接关系的各项收入，包括处置固定资产净收益、盘盈利得、捐赠利得、无法支付的应付账款、罚款净收入等。该账户结构如下：

借方　　营业外收入	贷方
期末转入“本年利润”账户的数额（－）	取得的营业外收入（＋）

期末结转后该账户无余额。

“营业外支出”账户核算企业发生的与其生产经营无直接关系的各项支出，如固定资产盘亏、处置固定资产净损失、非常损失、罚款支出、捐赠支出等。该账户结构如下：

借方　　营业外支出	贷方
发生的营业外支出（＋）	期末转入“本年利润”账户的数额（－）

期末结转后该账户应无期末余额。

2. 账务处理

【例 2-34】企业以银行存款支付税收滞纳金 23 000 元。编制会计分录如下：

借：营业外支出——滞纳金支出　　23 000

　　贷：银行存款　　23 000

【例 2-35】企业取得罚款收入 5 800 元，存入银行。编制会计分录如下：

借：银行存款　　5 800

　　贷：营业外收入——罚款收入　　5 800

四、损益类账户结转“本年利润”账户的核算

1. 账户设置

“本年利润”账户属于所有者权益类账户，核算企业在本年度实现的净利润（或发生的净亏损）。该账户结构如下：

借方	本年利润 贷方
从损益类账户转入的费用数（－）	从损益类账户转入的收入数（＋）
期末余额：年初至本月止累计发生的净亏损	期末余额：年初至本月止累计实现的净利润

小提示

企业期末各损益类账户结转至“本年利润”账户后，损益类账户无余额。“本年利润”账户年末余额在贷方，为全年实现的净利润；年末余额在借方，为全年发生的净亏损。企业应将“本年利润”账户的年末余额结转至“利润分配”账户，结转后“本年利润”账户无年末余额。

2. 账务处理

【例2-36】企业2017年度结账前，各损益类账户余额如下：主营业务收入550 000元、主营业务成本220 000元、税金及附加110 000元、销售费用120 000元、管理费用27 500元、财务费用16 500元、其他业务收入44 000元、其他业务成本25 000元、投资收益22 000元（贷方）、营业外收入11 000元，营业外支出15 000元。若企业所得税税率为25%，无纳税调整因素，计算企业的营业利润、利润总额、应交所得税、净利润，编制计算所得税、结转各损益类账户的会计分录。

（1）计算各项目金额。

营业收入＝550 000＋44 000＝594 000（元）

营业成本＝220 000＋25 000＝245 000（元）

营业利润＝594 000－245 000－110 000－120 000－27 500－16 500＋22 000＝97 000（元）

利润总额＝97 000＋11 000－15 000＝93 000（元）

应交所得税＝93 000×25%＝23 250（元）

净利润＝93 000－23 250＝69 750（元）

（2）编制会计分录。

计提应交所得税时：

借：所得税费用　　23 250

　　贷：应交税费——应交所得税　　23 250

将损益类账户中各收入账户结转至“本年利润”账户时：

借：主营业务收入　　550 000
　　其他业务收入　　44 000
　　投资收益　　22 000
　　营业外收入　　11 000
　贷：本年利润　　627 000（各项收入结转本年利润之和）

将损益类账户中各费用类账户结转至“本年利润”账户时：

借：本年利润　　557 250
　贷：主营业务成本　　220 000
　　　税金及附加　　110 000
　　　销售费用　　120 000
　　　管理费用　　27 500
　　　财务费用　　16 500
　　　其他业务成本　　25 000
　　　营业外支出　　15 000
　　　所得税费用　　23 250

经过上述结转后，各损益类账户已无余额，“本年利润”账户贷方发生额合计 627 000 元减去借方发生额合计 557 250 元后的余额 69 750 元即“本年利润”账户余额，表示企业 2017 年实现的净利润。

小练习 2-22

企业本月各损益类账户发生额如下：主营业务收入 2 847 000 元，主营业务成本 2 401 000 元，销售费用 24 760 元，税金及附加 34 760 元，管理费用 103 000 元，财务费用 4 300 元，其他业务收入 46 470 元，其他业务成本 32 340 元，资产减值损失 1 000 元，投资收益 14 000 元（贷方），营业外收入 14 800 元，营业外支出 8 460 元。

要求：（1）计算本月营业收入和营业成本，营业利润和利润总额。

（2）按利润总额的 25%计提本月应交的所得税，并计算净利润。

（3）编制将本月各损益账户发生额结转至“本年利润”账户的分录。

五、利润分配的核算

1. 利润分配的顺序

利润分配是指企业根据国家有关规定和企业章程、投资者协议等，对企业当年可供分配的利润所进行的分配。利润分配顺序：①提取法定盈余公积；②提取任意盈余公积；③向投资者分配利润。经过分配之后剩余的利润，属于未分配利润，是企业留待以后年度进行分配的历年结存的利润。

2. 账户设置

为了反映企业利润分配和历年分配后利润留存数，企业应设置“利润分配”“盈余公积”“应付股利”等账户。

“利润分配”账户属于所有者权益类账户，核算企业利润的分配和历年分配后的结余。该账户结构如下：

借方　　　　利润分配	贷方
从“本年利润”账户转入的全年发生的亏损（－） 登记提取盈余公积、应付股利等利润的分配数（－）	从“本年利润”账户转入的全年实现的净利润（＋）
期末余额：历年累计未弥补亏损	期末余额：历年累计未分配利润

“利润分配”账户一般应设置“提取法定盈余公积”“提取任意盈余公积”“应付现金股利或利润”“未分配利润”等明细账户。“提取法定盈余公积”和“提取任意盈余公积”明细账户，核算企业按规定从净利润中提取的盈余公积，提取时记入本明细账户的借方。“应付现金股利或利润”明细账户，核算企业应当分配给股东的现金股利或分配给投资者的利润，分配时记入本明细账户的借方。“未分配利润”明细账户，核算企业本年转入的净利润（或净亏损）以及历年分配后的结存利润（或亏损）。年度终了，企业应将当年实现的净利润，从“本年利润”账户结转到“利润分配——未分配利润”账户，同时将“利润分配”账户下的其他明细账户余额转入本明细账户，其他明细账户应无余额，本明细账户的年末余额应等于“利润分配”总账余额。

“盈余公积”账户属于所有者权益账户，核算企业从净利润中提取的盈余公积。该账户结构如下：

借方　　　　盈余公积	贷方
用盈余公积弥补亏损、转增注册资本数（－）	盈余公积的提取数（＋）
	期末余额：盈余公积的结余数

“应付股利”账户属于负债类账户，核算企业应分配（支付）给股东的现金股利或投资者的利润。该账户结构如下：

借方　　　　应付股利	贷方
实际支付的股利数（－）	分配应支付的股利（＋）
	期末余额：企业应付未付的现金股利或利润

3. 账务处理

【**例 2-37**】某企业 2017 年年初“利润分配——未分配利润”账户贷方余额 200 000 元，

本年实现利润总额 98 000 元，计提所得税费用 24 500 元，净利润 73 500 元。按净利润 10%提取法定盈余公积金，5%提取任意盈余公积。应分配给股东的现金股利 13 000 元。编制会计分录如下：

结转本年净利润，即将“本年利润”账户余额转入“利润分配”账户时：

借：本年利润　　73 500

　贷：利润分配——未分配利润　　73 500

提取盈余公积，填写提取盈余公积计算表，如凭证 2-21 所示。

凭证 2-21

法定盈余公积和任意盈余公积计算表

2017 年度

税前利润总额	可调整额	应纳所得税额	应扣除额	计提基数	法定盈余公积		任意盈余公积	
					计提比例	计提额	计提比例	计提额
98 000.00	0.00	24 500.00	0.00	73 300.00	10%	7 350.00	5%	3 675.00

主管：　　记账：　　复核：李乐乐　　制表：范林新

提取盈余公积时：

借：利润分配——提取法定盈余公积　　7 350

　　　　　——提取任意盈余公积　　3 675

　贷：盈余公积——法定盈余公积　　7 350

　　　　　——任意盈余公积　　3 675

分配应付现金股利或利润时：

借：利润分配——应付现金股利或利润　　13 000

　贷：应付股利　　13 000

结转利润分配账户中的其他明细账户时：

借：利润分配——未分配利润　　24 025

　贷：利润分配——提取法定盈余公积　　7 350

　　　　　　——提取任意盈余公积　　3 675

　　　　　　——应付现金股利或利润　　13 000

年末企业“利润分配”总账余额应为 249 475 元，等于“利润分配——未分配利润”明细账户的余额，表示企业历年累计未分配的利润。

小练习 2-23

某企业为增值税一般纳税人，根据该企业 2017 年发生的部分经济业务编制会计分录。

（1）1 月 1 日，从银行取得借款 800 000 元，期限 2 个月，月息为 0.6%，到期一次还本付息。

（2）1 月 15 日，购入材料一批，买价 95 000 元，运杂费 3 100 元，增值税税额为 16 150 元，款项以存款支付，材料尚未运到。

（3）1 月 31 日，计提 1 月份的借款利息。

（4）2 月 1 日，购入的上项材料验收入库。

（5）4 月 30 日，生产产品领用材料 68 000 元，车间一般消耗材料 12 000 元，厂部管理部门领用材料 8 000 元。

（6）5 月 31 日，分配本月生产工人工资 32 600 元。

（7）8 月 1 日，销售商品一批，售价 300 000 元，增值税税额为 51 000 元，款项收到存入银行。

（8）8 月 5 日，销售原材料一批，售价 21 000 元，增值税税额为 3 570 元，款项尚未收到。

（9）8 月 31 日，结转本月商品销售成本 210 000 元和材料销售成本 16 000 元。

（10）9 月 1 日，以银行存款支付广告费 13 000 元及罚款支出 6 100 元。

（11）12 月 31 日，计提商品销售应交纳消费税 6 000 元，城市维护建设税 420 元。

（12）12 月 31 日，计提本年应交的所得税 95 600 元，并用存款交纳所得税 95 600 元。

（13）12 月 31 日，假定企业各损益类账户全年发生额为主营业务收入 905 000 元、其他业务收入 25 000 元、营业外收入 70 000 元、主营业务成本 535 000 元、税金及附加 15 000 元、其他业务成本 20 000 元、销售费用 16 000 元、管理费用 54 000 元、财务费用 22 000 元、营业外支出 18 000 元、所得税费用 95 600 元，将各损益类账户结转到“本年利润”账户。

（14）12 月 31 日，计算全年净利润并结转至“利润分配”账户。

（15）12 月 31 日，按净利润的 10%提取法定盈余公积。

练　习　题

一、单项选择题

1．一般纳税企业购买材料时支付的增值税进项税额，应记入（　　）账户的借方。

A．“在途物资”　　B．“应交税费”

C．“管理费用”　　D．“税金及附加”

2. 企业向银行借入的两年期借款，应记入（　　）账户的贷方。

A.“短期借款”　　B.“长期借款”

C.“应付债券”　　D.“银行存款”

3.“应付账款”账户应按（　　）设置明细账户。

A. 供货单位名称　　B. 购货单位名称

C. 购入材料名称　　D. 采购员名称

4. 以银行存款偿还前欠某工厂货款，应记入（　　）账户的借方。

A.“应收账款”　　B.“应付账款”

C.“预付账款”　　D.“短期借款”

5.“生产成本”账户的期末借方余额表示（　　）成本。

A. 入库材料　　B. 已完工的产成品

C. 尚未完工的在产品　　D. 库存商品

6.“制造费用”账户的期末余额，应结转到（　　）账户。

A.“管理费用”　　B.“生产成本”

C.“本年利润”　　D.“固定资产”

7.“应收账款”账户期末借方余额，反映企业（　　）的应收款项。

A. 尚未支付　　B. 尚未收回　　C. 已经收回　　D. 不需收回

8. 企业按净利润提取盈余公积时，应借记（　　）账户。

A.“生产成本”　　B.“本年利润”　　C.“利润分配”　　D.“盈余公积”

9. 计提应由本月负担但尚未支付的短期借款利息时，应记入（　　）账户的借方。

A.“管理费用”　　B.“财务费用”

C.“应付利息”　　D.“其他应收款”

10.“应收账款”账户应按（　　）设置明细账户进行明细分类核算。

A. 购货单位　　B. 供货单位　　C. 售出商品　　D. 费用项目

11. 企业预借给职工出差的差旅费时，应借记（　　）账户。

A.“应收账款”　　B.“预付账款”

C.“其他应收款”　　D.“管理费用”

12. 出售材料取得的收入在（　　）账户核算。

A.“主营业务收入”　　B.“其他业务收入”

C.“投资损益”　　D.“营业外收入”

二、多项选择题

1. 下列账户属于损益类账户的有（　　）。

A.“主营业务成本”账户　　B.“所得税费用”账户

C．“税金及附加”账户　　　　　　　D．“制造费用”账户

2．下列账户属于所有者权益类账户的有（　　）。

A．“实收资本”账户　　　　　　　B．“盈余公积”账户

C．“本年利润”账户　　　　　　　D．“利润分配”账户

3．生产费用按经济用途划分，可分为（　　）成本项目。

A．直接材料　　B．直接人工　　C．制造费用　　D．财务费用

4．制造费用的分配标准有（　　）。

A．生产工人工时　　　　　　　B．生产工人工资

C．材料买价　　　　　　　　　D．材料重量

5．下列账户的期末余额在贷方的有（　　）。

A．“累计折旧”账户　　　　　　　B．“长期借款”账户

C．“实收资本”账户　　　　　　　D．“预收账款”账户

6．“本年利润”账户的期末余额，可能表示（　　）。

A．利润净额　　B．净亏损　　C．未支付的利润　　D．未分配的利润

7．下列账户属于资产类账户的有（　　）。

A．“交易性金额资产”账户　　　　　B．“在建工程”账户

C．“盈余公积”账户　　　　　　　D．“其他业务成本”账户

8．“税金及附加”账户核算的税金有（　　）。

A．增值税　　　　　　　　　B．城市维护建设税

C．所得税　　　　　　　　　D．消费税

9．下列账户的期末余额，应结转到“本年利润”账户的有（　　）。

A．“营业外收入”账户　　　　　　B．“营业外支出”账户

C．“管理费用”账户　　　　　　　D．“长期待摊费用”账户

10．下列账户的贷方记增加，借方记减少的有（　　）。

A．“累计折旧”账户　　　　　　　B．“坏账准备”账户

C．“实收资本”账户　　　　　　　D．“本年利润”账户

三、判断题

1．“预付账款”账户和“预收账款”账户都是资产类账户。（　　）

2．企业向银行借入的资金，在“实收资本”账户核算。（　　）

3．“短期借款”账户的期末贷方余额，反映企业已经归还的短期借款数额。（　　）

4．专为采购某种材料发生的采购费用，可直接计入该种材料的采购成本。（　　）

5．企业预付给借款人的差旅费，通过“预付账款”账户核算。（　　）

6．营业利润等于营业收入减去营业成本后的余额。（　　）

7．企业按利润总额计算公式计算出的结果，如为负数，则为亏损总额。　（　）

8．10月31日“本年利润”账户的贷方余额，表示10月份实现的利润总额。　（　）

9．在交纳增值税的企业，“应交税费——应交增值税”账户的借方记录企业采购材料时向供货单位支付的进项税额，贷方记录企业销售商品时向购货单位收取的销项税额。　（　）

10．企业以银行存款交纳应交税费，引起资产和负债同时减少。　（　）

四、会计分录题

1．练习筹资过程、供应过程的核算，要求做出下列经济业务的会计分录。

（1）收到投资者投入资本98 000元现金，款项存入银行。

（2）从银行借入一年期借款85 000元，年利率6%，款项存入银行。

（3）一项半年期借款到期，归还借款的本金80 000元，并支付利息2 400元（原未预提）。

（4）从银行借入两年期借款300 000元，年利率7%，款项存入银行。

（5）从A工厂购入甲、乙两种材料，甲材料60吨，单价4 000元，乙材料40吨，单价5 000元，两种材料的增值税74 800元，材料已验收入库，款项已采用转账支票结算支付。

（6）从B工厂购入甲材料，价款93 000元，运杂费1 800元，增值税税额为15 810元，材料尚未验收入库，款项用存款支付。

（7）从B工厂购入的已支付了货款的甲材料验收入库，成本为94 800元。

（8）按购货合同规定以存款35 100元，预付给C工厂，用于订购丙材料。

（9）收到C工厂发来的丙材料并验收入库，材料价款30 000元，增值税税额为5 100元，款项原已预付。

（10）从D工厂购买丁材料，价款52 000元，运杂费810元，增值税税额为8 840元，货款通过银行支付50 000元，其余尚未支付，材料验收入库。

（11）以银行存款11 650元实际支付前欠D工厂货款。

（12）企业5月24日从E工厂购买丙材料，价款43 000元，运杂费750元，增值税税额为7 310元。分下列四种情况做不同日期的会计分录。

① 5月24日，货款通过银行支付，同日材料验收入库。

② 5月24日，货款通过银行支付，材料在5月30日验收入库。

③ 5月24日，材料验收入库，货款5月31日通过银行支付。

④ 5月20日，按合同预付账款45 000元，6月2日收到材料，差额以存款结算。

（13）购入A材料，买价52 000元，增值税税额为8 840元，款项以存款支付，材料未到。

（14）以现金支付上项A材料的运杂费420元。

（15）上述A材料验收入库，结转其实际采购成本52 420元。

（16）购入 B 材料，买价 31 000 元，增值税税额为 5 270 元，运费 340 元，运费的增值税税率为 11%，材料已入库，款项尚未支付。

2．练习生产过程的核算，要求做出下列经济业务的会计分录。

（1）企业本月发出材料汇总表如表 2-2 所示，要求计算合计数并填表，做出本月发出材料的分录。

表 2-2　发出材料汇总表

材料用途	甲材料			乙材料			丙材料			合计金额/元
	数量/千克	单价/元	金额/元	数量/千克	单价/元	金额/元	数量/千克	单价/元	金额/元	
生产黑茶	4 000	8	32 000				500	6	3 000	
生产红茶				3 000	7	21 000	80	6	4 800	
车间一般消耗	200	8	1 600	60	7	420				
管理部门耗用				50	7	350				
合计										

（2）企业分配本月职工工资总额 82 000 元。应付职工工资分配表如表 2-3 所示，并以现金支付。

表 2-3　应付职工工资分配表

单位：元

项目	基本工资	津贴补贴	奖金	工资总额
生产工人工资（黑茶）	29 000	1 600	3 400	34 000
生产工人工资（红茶）	25 000	1 000	3 000	29 000
车间管理人员工资	3 000	600	1 400	5 000
行政管理人员工资	10 000	1 600	2 400	14 000
合计	67 000	4 800	10 200	82 000

（3）以现金支付总务科报销企业管理部门办公用品费 520 元。

（4）5 月 8 日以现金预借厂长陈红出差的差旅费 1 200 元，5 月 13 日报销陈红差旅费 1 200 元（其中往返车费 420 元，出差 5 天每天补贴 20 元，住宿 4 晚每晚 100 元，其他费用如会务费等 280 元）。

（5）如果厂长陈红出差归来，实际报销其差旅费 900 元，收回现金 300 元，结清原借支款 1 200 元。

（6）5 月 16 日以现金预借会计高燕出差的差旅费 1 000 元，5 月 21 日报销陈燕差旅费 1 100 元，补付现金 100 元。

（7）月末，企业将本月发生的制造费用总额 72 370 元，全部结转到“生产成本”账户。

（8）月末，企业计算并结转已完工入库红茶的实际生产成本 318 170 元。

3．练习销售过程的核算，要求做出下列经济业务的会计分录。

（1）企业（长沙市光明工厂）向新华商场销售红茶 800 件，每件售价 120 元，增值税税额为 16 320 元，已开出增值税专用发票如凭证 2-22 所示，款项全部收到存入银行。要求填写增值税专用发票并做会计分录。

凭证 2-22

湖南增值税专用发票　　No 0241

此联不作报销、免税凭证使用

开票日期：

<table>
<tr><td>购货单位</td><td colspan="3">名　　称：
纳税人识别号：
地 址、电 话：
开户行及账号：</td><td>密码区</td><td colspan="4">8821*4/-12<0<9-+3-*3*040331
4412>355-01132*62/25/5-2*12
7+8*71068+4-35+</583/5<-*04
03314412>355-01/*72+7**1*><</td><td>加密版本：01
0241</td></tr>
<tr><td colspan="2">货物或应税劳务名称</td><td>规格型号</td><td>单位</td><td>数量</td><td>单价</td><td>金额</td><td>税率</td><td colspan="2">税额</td></tr>
<tr><td colspan="2">

合　计</td><td></td><td></td><td></td><td></td><td></td><td></td><td colspan="2"></td></tr>
<tr><td colspan="2">价税合计（大写）</td><td colspan="8">（小写）</td></tr>
<tr><td>销货单位</td><td colspan="3">名　　称：
纳税人识别号：
地 址、电 话：
开户行及账号：</td><td>备注</td><td colspan="5"></td></tr>
</table>

第一联 记账联 销货方记账凭证

收款人：　　复核：　　开票人：　　销货单位：（章）

（2）企业向华天公司销售一批 C 商品，售价 31 000 元，增值税税额为 5 270 元，商品已发出，款项尚未收到。

（3）企业与永华公司签订销货合同，采用预收货款方式销售 D 商品，款项 25 740 元已预收存入银行。企业发出 D 商品，售价 22 000 元，增值税税额为 3 740 元。要求编制下列会计分录：

① 收到永华公司预付的货款。

② 向永华公司发出商品，确认收入并冲销预收账款。

（4）企业结转本月已销售 B 商品 800 件的实际成本（单位生产成本 90 元）72 000 元。

（5）企业以银行存款支付商品广告费 9 600 元，用现金支付销售商品的包装费 520 元。

（6）企业本月应交纳的增值税税额为 75 100 元，月末按 7%计提应交纳的城市维护建设税 5 257 元。

（7）以银行存款实际交纳本月应交的城市维护建设税 5 257 元。

（8）企业销售一批不适用的材料，售价 73 000 元，增值税税额为 12 410 元，款项收到存入银行。

（9）企业结转销售材料的实际成本 58 600 元。

4．练习利润形成和分配的核算，要求编制下列经济业务的会计分录。

（1）企业本年 10 月按会计制度计算的利润总额为 372 000 元，没有纳税调整数额，所得税税率为 25%，编制下列会计分录：

① 计提本月应交所得税。

② 以存款实际交纳所得税。

③ 期末将“所得税费用”账户余额转入“本年利润”账户。

（2）企业以存款支付税收滞纳金 700 元。

（3）企业取得罚款收入 1 800 元，存入银行。

（4）企业应付给 B 工厂的货款 1 700 元，因 B 工厂已破产解散确实无法支付，经批准转作营业外收入。

（5）企业 10 月份各损益类账户结转前余额如下：主营业务收入 450 000 元、主营业务成本 150 000 元、营业税金及附加 6 000 元、销售费用 50 000 元、管理费用 37 500 元、财务费用 7 500 元、其他业务收入 14 000 元、其他业务成本 11 000 元、投资收益 3 000 元（贷方）、营业外收入 8 000 元，营业外支出 4 700 元。企业所得税税率为 25%，没有纳税调整因素。要求：

① 计算企业的营业利润、利润总额、应交所得税、净利润。

② 编制计提应交所得税的会计分录。

③ 编制结转各损益账户的会计分录。

（6）企业本年实现净利润 58 150 元，按净利润 10%提取法定盈余公积金，应分配给股东的现金股利 11 000 元。编制下列会计分录：

① 结转本年净利润（即将本年利润余额转入利润分配账户）。

② 取法定盈余公积。

③ 分配应付现金股利或利润。

5．综合练习企业基本经济业务的核算。

某企业 2017 年 12 月发生下列经济业务，要求据此编制会计分录。

（1）8 日，收到国家投入资金 200 000 元，存入银行。

（2）9 日，从银行借入一年期借款 50 000 元，存入银行。

（3）10 日，以存款支付短期借款的利息 4 800 元（原未预提）。

（4）12 日，购入 A 材料，买价 86 000 元，增值税税额为 14 620 元，款项以存款支付，材料未到。

（5）13 日，以现金支付 A 材料的运杂费 690 元。

（6）14 日，上述 A 材料验收入库，结转其实际采购成本。

（7）16 日，购入 B 材料，买价 31 000 元，增值税税额为 5 270 元，运费 340 元，增值税税额为 37.4 元，材料已入库，款项未付。

（8）16 日，以存款支付应付账款 36 500 元，以存款交纳应交税费 48 600 元。

（9）18 日，生产甲商品领用 A 材料 52 380 元。

（10）20 日，发出 B 材料 7 910 元，用于车间一般消耗。

（11）22 日，分配结转应付生产黑茶的工人工资 16 500 元和车间管理人员工资 2 180 元。

（12）23 日，计提生产黑茶工人社会保险费 2 310 元和车间管理人员社会保险费 3 052 元。

（13）23 日，计提固定资产折旧：车间折旧费 5 780 元，厂部折旧费 3 210 元。

（14）24 日，以存款支付管理费用 6 190 元，支付销售费用 28 100 元。

（15）25 日，计提本月应负担，但尚未支付的短期借款利息 5 760 元。

（16）26 日，以存款支付车间水电费 4 950 元，厂部水电费 5 030 元。

（17）27 日，以现金支付本月应付职工工资 32 700 元。

（18）28 日，销售甲商品，售价 90 000 元，增值税税额为 15 300 元，商品已发出，款项收到存入银行。

（19）29 日，销售甲商品，售价 85 000 元，增值税税额为 14 450 元，商品已发出，款项尚未收到。

（20）30 日，将本月发生的制造费用 98 600 元，结转产品生产成本。

（21）30 日，结转本月完工入库产成品的实际生产成本 367 500 元。

（22）30 日，结转本月已售出商品的实际生产成本 135 000 元。

（23）30 日，结转本月主营业务应交纳的消费税 34 000 元和城市维护建设税 2 380 元。

（24）30 日，以现金支付厂部办公用品费 180 元，以存款支付销售商品的广告费 9 800 元。

（25）30 日，以现金支付销售商品发生的运杂费 310 元和包装费 120 元。

（26）31 日，将主营业务收入 368 000 元和主营业务成本 135 000 元，结转到“本年利润”账户。

（27）31 日，将管理费用 73 200 元和销售费用 64 150 元，结转到“本年利润”账户。

（28）31 日，计提本月应交纳的所得税 18 300 元，并用存款实际交纳所得税 18 300 元。

（29）31 日，将“本年利润”账户的贷方余额 45 900 元，结转到“利润分配”账户。

（30）31 日，根据净利润提取法定盈余公积金 4 590 元。

第三章　会 计 账 簿

学习目标

● 知识目标

1．了解会计账簿的概念。
2．熟悉会计账簿的分类。
3．理解对账的基本内容。
4．掌握结账的方法。
5．掌握三种错账的更正方法。

● 技能目标

1．能根据经济业务内容的不同使用各种账簿，按照账簿启用规则建立账簿体系。
2．能运用账簿登记规则进行各种账簿的登记。
3．能按照错账更正法的原理进行错账更正。

第一节　会计账簿概述

一、会计账簿的概念和意义

1．会计账簿的概念

会计账簿是指由具有一定格式，按一定形式相互联结的账页组成的，以审核无误的会计凭证为依据，连续、系统、全面、综合地记录和反映各项经济业务的簿籍。

2．会计账簿的意义

（1）会计账簿是连续、系统、全面、综合地记录和反映会计资料的工具。
（2）会计账簿是正确计算经营成果，考核财务计划执行情况的依据。
（3）会计账簿是编制会计报表的主要依据，是连接会计凭证与会计报表的中间环节。

3. 会计账簿与账户的关系

账簿与账户的关系是形式和内容的关系。账户存在于账簿之中，账簿中的每一个账页就是账户的存在形式和载体，账簿只是一个外在形式，账户才是它的真实内容。账簿序时、分类地记载经济业务是在个别账户中完成的。

二、会计账簿的分类

1. 账簿按其用途可以分为序时账簿、分类账簿和备查账簿

（1）序时账簿。序时账簿又称日记账簿，是按照经济业务发生或完成时间的先后顺序逐日逐笔进行登记的账簿。日记账簿又分为普通日记账和特种日记账，特种日记账有现金日记账和银行存款日记账。在我国，大多数单位一般只设现金日记账和银行存款日记账，用以加强对货币资金的反映和监督。

（2）分类账簿。分类账簿是对各项经济业务事项按照会计要素的具体类别进行分类登记的账簿。分类账簿又可以分为总分类账簿和明细分类账簿，按照总分类账户分类登记经济业务事项的是总分类账簿，简称总账；按照明细分类账户分类登记经济业务事项的是明细分类账簿，简称明细账。分类账簿提供的核算信息是编制会计报表的主要依据。

（3）备查账簿。备查账簿简称备查簿，又称辅助账簿，是对某些在序时账簿和分类账簿等主要账簿中都不予登记或登记不够详细的经济业务事项进行补充登记的账簿。

2. 账簿按其外表形式可分为订本式账簿、活页式账簿和卡片式账簿

（1）订本式账簿。订本式账簿是启用之前就已将账页装订在一起，并对账页进行了连续编号的账簿。其优点是便于顺序记载，避免账页散失，防止随意抽换账页；缺点是账页固定，不便于分工记账，不能增减账页，容易造成浪费。这种账簿一般适用于总分类账、现金日记账、银行存款日记账。

（2）活页式账簿。活页式账簿是在账簿登记完毕之前账页并不固定装订在一起，而是装在活页账夹中，当账簿登记完毕之后（通常是一个会计年度结束之后），才将账页予以装订，加具封面，并给各账页连续编号的账簿。其优点是可以根据实际需要随时添加账页，可以组织分工记账；缺点是账页容易散失和被抽换。这种账簿适用于各种明细分类账。

（3）卡片式账簿。卡片式账簿是由具有一定格式的卡片组成的，存放在卡片箱或卡片夹中，可以随时取放的一种账簿。其优点是可根据经济业务特点选择或设计相应的格式、结构，便于添加新卡，改变分类方法，可随时抽阅；缺点是如果保管不善，容易散失和被抽换。这种账簿适用于一些财产物资的实物登记卡，如固定资产登记卡、低值易耗品登记卡等。使用这种账簿时，应在卡片上连续编号，加盖有关人员的印章，并置放在卡片箱或卡片夹中，以防丢失，保证安全。

第二节 账簿的使用规则

一、会计账簿的基本内容

各种账簿所记录的经济业务不同，账簿格式可以多种多样，但各种主要账簿应由封面、扉页、账页三部分组成。

（1）封面主要标明账簿的名称。

（2）扉页主要列明科目索引、账簿启用和经管人员一览表。

（3）账页是账簿用来记录经济业务事项的载体，包括账户的名称、登记账户的日期栏、凭证种类和号数栏、摘要栏、增减金额和余额栏、页次等基本内容。

二、账簿启用规则

启用会计账簿时，应当在账簿封面上写明单位名称和账簿名称，在账簿扉页上附“账簿启用表”，登记启用日期，账簿页数，记账人员和会计机构负责人、会计主管人员姓名，并加盖个人名章和单位公章。记账人员或者会计机构负责人、会计主管人员在调动工作时，应当注明交接日期、接办人员或监交人员姓名，并由交接双方人员签名或者盖章，以明确双方经济责任。账簿启用表格式如表 3-1 所示。

表 3-1 账簿启用表

<table>
<tr><td colspan="2">单位名称</td><td colspan="6"></td><td colspan="3">单位公章</td></tr>
<tr><td colspan="2">账簿名称</td><td colspan="6"></td><td colspan="3" rowspan="4"></td></tr>
<tr><td colspan="2">账簿编号</td><td colspan="6">字第　号第　册共　册</td></tr>
<tr><td colspan="2">账簿页数</td><td colspan="6">本账簿共计　页</td></tr>
<tr><td colspan="2">启用日期</td><td colspan="6">年　月　日</td></tr>
<tr><td colspan="2">经管人员</td><td colspan="3">接管</td><td colspan="3">移交</td><td colspan="2">会计负责人</td><td>印花税票粘贴处</td></tr>
<tr><td>姓名</td><td>盖章</td><td>年</td><td>月</td><td>日</td><td>年</td><td>月</td><td>日</td><td>姓名</td><td>盖章</td><td rowspan="5"></td></tr>
<tr><td></td><td></td><td></td><td></td><td></td><td></td><td></td><td></td><td></td><td></td></tr>
<tr><td></td><td></td><td></td><td></td><td></td><td></td><td></td><td></td><td></td><td></td></tr>
<tr><td></td><td></td><td></td><td></td><td></td><td></td><td></td><td></td><td></td><td></td></tr>
<tr><td></td><td></td><td></td><td></td><td></td><td></td><td></td><td></td><td></td><td></td></tr>
</table>

三、账簿登记规则

1. 登记及时

会计人员必须根据审核无误的会计凭证，及时完成登记工作，不得拖延、迟办。

2. 内容准确、清楚、完整，并标明记账符号

登记账簿时，必须将记账凭证的填写日期、种类和编号、经济业务内容摘要、金额和其他有关资料逐项填写入账。同时，每当一笔经济业务登账完毕，要在相应的记账凭证上签名或者盖章，并注明账簿的页数或用“√”符号表示已登记入账，以此防止重记、漏记，便于查阅、核对。

3. 一般使用蓝黑色墨水笔填写，特殊记账则使用红色墨水笔

登记账簿要用蓝黑色墨水或者碳素墨水书写，不得使用圆珠笔或者铅笔书写。红色墨水笔必须按规定使用，如按照红字冲账的记账凭证，冲销错误记录；在只设借方多栏或只设贷方多栏的多栏式账页中，登记减少数；在三栏式账户的余额栏前，如果未印明余额方向的，在余额栏内登记负数余额；期末结账划线等；根据国家统一的会计制度的规定可以用红字登记的其他会计记录。

4. 文字或数字间留空

账簿上记录的文字必须清晰、端正，摘要内容清楚、简洁明了；数字书写要规范，并排列整齐，大小写一致，上下位置对齐。文字、数字的书写要留有适当空格，不要写满格，一般应占格距的1/2。

5. 顺序、连续登记

各种账簿必须按照编定的页次，连续记录，不得隔页、跳行。如不慎发生隔页、跳行，应将空页或空行划线注销，或者注明“此页空白”“此行空白”字样，并由记账人员在空白处签名或者盖章。

6. 结出余额

凡需结出余额的账户，结出余额后，应当在“借或贷”栏内写明“借”或“贷”字样。没有余额的账户，应当在“借或贷”栏内写“平”字，并在余额栏内的“元”位上用“0”表示。

7. 过次承前

每一张账页记录结束，转入下一页登记，在本账页最末一行和下一张账页的第一行办理转页手续。即在本账页最末一行加计本页借方和贷方发生额合计数并结出余额，在“摘要”栏内注明“过次页”，同时将计算出的借方和贷方发生额合计和余额记入下一页的第一行内的“借方”栏、“贷方”栏、“余额”栏内，并在“摘要”栏注明“承前页”。办完转页手续后，再开始登记经济业务，以此保证账簿记录连续进行，相互衔接。

对需要结计本月发生额的账户，结计“过次页”的本页合计数应当为自本月初起至本

页末止的发生额合计数。

对需要结计本年累计发生额的账户，结计“过次页”的本页合计数应当为自本年初起至本页末止的累计数。

对既不需要结计本月发生额也不需要结计本年累计发生额的账户，结计“过次页”的数额即为本页合计数。

8. 按规定更正错账

账簿记录如果发现错误，不得随意涂改，更不能进行刮擦、挖补或用褪色药水更改消除字迹。发现错误后，应及时查找原因，视错账的具体内容，按照规定的手续和更正错账的方法予以更正。

第三节 会计账簿的设置和登记方法

一、日记账的设置和登记方法

日记账即序时账。会计核算中使用的日记账都必须按照经济业务发生的时间先后顺序进行记载反映，不得用银行对账单或者其他方法代替日记账。下面分别说明现金日记账和银行存款日记账的设置和登记方法。

1. 现金日记账的设置和登记方法

现金日记账由出纳人员按照经济业务发生的时间先后顺序，根据有关库存现金收付款凭证和从银行提取现金的银行存款付款凭证逐日逐笔进行登记。

现金日记账通常使用订本账，采用设有“借方（或收入）”“贷方（或支出）”“余额（或结余）”三栏式结构的账页。现金日记账的格式如表 3-2 所示。

表 3-2 现金日记账

年		凭证编号	摘要	对应科目	借方									√	贷方									√	余额								
月	日				百	十	万	千	百	十	元	角	分		百	十	万	千	百	十	元	角	分		百	十	万	千	百	十	元	角	分

每日，出纳人员依据审核无误的现金收款凭证、现金付款凭证、从银行提取现金编制的银行存款付款凭证逐笔登记现金日记账，每日终了根据“上日余额＋本日收入－本日支出＝本日余额”的公式逐日结出现金余额，并将余额数与库存现金实有数核对，以检查账实是否相符，做到日清日结。

【例 3-1】2017 年 5 月 1 日，可可工厂库存现金余额为 50 000 元。5 月 1～3 日发生下列与现金有关的经济业务：

（1）1 日，李阳预借差旅费 2 000 元，以现金支付。（记账凭证编号：记字 1 号）

（2）1 日，从本单位开户银行提取现金 10 000 元备用。（记账凭证编号：记字 2 号）

（3）1 日，行政科报销零星办公用品费 1 500 元，以现金支付。（记账凭证编号：记字 5 号）

（4）1 日，从银行提取现金 4 000 元准备发放工资。（记账凭证编号：记字 8 号）

（5）2 日，李阳交回差旅费余款现金 200 元。（记账凭证编号：记字 15 号）

要求：根据上述资料登记库存现金日记账。

解析：库存现金日记账如表 3-3 所示。

表 3-3　现金日记账

2017 年		凭证编号	摘要	对应科目	借方									√	贷方									√	余额								
月	日				百	十	万	千	百	十	元	角	分		百	十	万	千	百	十	元	角	分		百	十	万	千	百	十	元	角	分
5	1		期初余额																								5	0	0	0	0	0	0
5	1	记 1	付差旅费	其他应收款														2	0	0	0	0	0				4	8	0	0	0	0	0
5	1	记 2	提取现金	银行存款			1	0	0	0	0	0	0														5	8	0	0	0	0	0
5	1	记 5	付办公费	管理费用														1	5	0	0	0	0				5	6	5	0	0	0	0
5	1	记 8	提取现金	银行存款				4	0	0	0	0	0														6	0	5	0	0	0	0
5	1		本日合计				1	4	0	0	0	0	0														6	0	5	0	0	0	0
5	2	记 15	收回差旅费余款	其他应收款					2	0	0	0	0														6	0	7	0	0	0	0

2. 银行存款日记账的设置和登记方法

银行存款日记账由出纳人员根据有关银行存款收付款凭证和现金存入银行的现金付款凭证，按时间先后顺序逐日逐笔进行登记。

银行存款日记账通常使用订本账，采用设有“借方（或收入）”“贷方（或支出）”“余额（或结余）”三栏式结构的账页。银行存款日记账的格式如表3-4所示。

表3-4 银行存款日记账

2016年		凭证编号	结算方式		摘要	借方										√	贷方										√	余额									
月	日		种类	号码		千	百	十	万	千	百	十	元	角	分		千	百	十	万	千	百	十	元	角	分		千	百	十	万	千	百	十	元	角	分

为了方便与银行对账，银行存款日记账还设有“结算凭证种类与号码”栏，该栏根据所附的银行结算凭证的种类与号数登记。每日终了，应分别计算银行存款的收入、支出的合计数和余额，以便定期（按月）与银行对账单核对。

【例3-2】2017年1月1日，辉辉公司银行存款日记账余额为800 000元。1月份发生下列与银行存款有关的经济业务：

（1）2日，接银行收款通知，收到山江公司投资款500 000元，已存入银行。（记账凭证编号：记字1号）

（2）3日，采购员王卓预借差旅费3 000元，以现金支票支付。（记账凭证编号：记字3号）

（3）5日，从本单位开户银行提取现金10 000元备用。（记账凭证编号：记字5号）

（4）6日，接银行收款通知，北园工厂归还前欠货款8 000元，已存入银行。（记账凭证编号：记字7号）

（5）12日，接银行通知，支付办公楼水电费5 500元。（记账凭证编号：记字18号）

（6）15日，开出现金支票，从银行提取现金50 000元，准备发放工资。（记账凭证编号：记字25号）

（7）20 日，向银行申请取得流动资金借款 150 000 元，存入银行。（记账凭证编号：记字 35 号）

（8）25 日，销售产品，增值税专用发票注明价款 100 000 元，增值税税额为 17 000 元，款项收到存入银行。（记账凭证编号：记字 46 号）

（9）29 日，以银行存款支付增值税税额为 3 800 元。（记账凭证编号：记字 50 号）

（10）31 日，以汇兑方式支付购买材料款项，增值税专用发票注明买价 20 000 元，增值税税额为 3 400 元。材料已验收入库。（记账凭证编号：记字 52 号）

要求：根据上述资料登记银行存款日记账。

解析：银行存款日记账如表 3-5 所示。

表 3-5　银行存款日记账

开户行 工商银行环保支行

账　号 6226622603112013

2017 年		凭证编号	结算方式		摘要	借方											√	贷方											√	余额										
月	日		种类	号数		亿	千	百	十	万	千	百	十	元	角	分		亿	千	百	十	万	千	百	十	元	角	分		亿	千	百	十	万	千	百	十	元	角	分
1	1				上年结转																												8	0	0	0	0	0	0	0
1	2	记 1			收到投资款				5	0	0	0	0	0	0	0																1	3	0	0	0	0	0	0	0
1	3	记 3			预借差旅费																		3	0	0	0	0	0				1	2	9	7	0	0	0	0	0
1	5	记 5			提取现金																	1	0	0	0	0	0	0				1	2	8	7	0	0	0	0	0
1	6	记 7			收到前欠货款						8	0	0	0	0	0																1	2	9	5	0	0	0	0	0
1	12	记 18			付水电费																		5	5	0	0	0	0				1	2	8	9	5	0	0	0	0
1	15	记 25			提取现金																	5	0	0	0	0	0	0				1	2	3	9	5	0	0	0	0
1	20	记 35			向银行借入款项				1	5	0	0	0	0	0	0																1	3	8	9	5	0	0	0	0
1	25	记 46			销售产品				1	1	7	0	0	0	0	0																1	5	0	6	5	0	0	0	0
1	29	记 50			交纳增值税																		3	8	0	0	0	0				1	5	0	2	7	0	0	0	0
1	31	记 52			购买材料																	2	3	4	0	0	0	0				1	4	7	9	3	0	0	0	0
1	31				本月合计				7	7	5	0	0	0	0	0						9	5	7	0	0	0	0				1	4	7	9	3	0	0	0	0

小练习 3–1

2017 年 1 月 1 日，某公司银行存款日记账余额 56 890 元，1 月上旬发生下列银行存款收付业务，要求据此登记银行存款日记账（表 3-6）。

（1）2日，从银行借入短期借款80 000元，存入银行。（记账凭证编号：记字5号）

（2）3日，以银行存款62 000元偿还应付账款。（记账凭证编号：记字8号）

（3）4日，从银行提取现金3 800元备用。（记账凭证编号：记字15号）

（4）6日，以银行存款购买设备，价款40 000元，增值税税额为6 800元。（记账凭证编号：记字20号）

（5）8日，销售产品一批，售价51 000元，增值税销项税额为8 670元，款项存入银行。（记账凭证编号：记字25号）

（6）9日，购买材料一批，进价31 000元，增值税进项税额为5 270元，款项以银行存款支付。（记账凭证编号：记字28号）

（7）10日，以银行存款支付产品销售费用4 880元。（记账凭证编号：记字30号）

表3-6　银行存款日记账

年		凭证编号	结算方式		摘要	借方										√	贷方										√	余额									
月	日		种类	号码		千	百	十	万	千	百	十	元	角	分		千	百	十	万	千	百	十	元	角	分		千	百	十	万	千	百	十	元	角	分

二、分类账的设置和登记方法

1. 总分类账的设置和登记方法

总分类账是按照总分类账户分类登记以提供总括会计信息的账簿。总分类账通常使用订本账，最常用的格式为三栏式，设置“借方”“贷方”“余额”三个基本金额栏目。总分类账的格式如表3-7所示。

表 3-7 总 分 类 账

科目名称______

年		凭证编号	结算方式		摘要	借方										贷方										借或贷	余额									
月	日		种类	号码		千	百	十	万	千	百	十	元	角	分	千	百	十	万	千	百	十	元	角	分		千	百	十	万	千	百	十	元	角	分

总分类账簿的登记方法根据所采用的账务处理程序不同，可以根据记账凭证逐笔登记，也可以根据科目汇总表或汇总记账凭证等定期汇总登记。

【例 3-3】2017 年 5 月 1 日，湘江工厂“原材料”总分类账户余额为 83 200 元，其中甲材料为 4 000 千克，单价 15 元/千克，乙材料 2 900 件，单价 8 元/件；“应付账款”的总分类账户余额为 37 000 元，其中红山公司 30 000 元，星沙公司 7 000 元。5 月份发生下列经济业务：

① 2 日，从红山公司购进甲材料 3 000 千克，单价 15 元/千克，乙材料 1 000 件，单价 8 元/件，增值税税额为 9 010 元；材料已验收入库，货款未付。

② 5 日，用银行存款偿还前欠星沙公司货款 5 000 元，偿还前欠红山公司货款 20 000 元。

③ 15 日，生产车间生产 A 产品领用甲材料 4 000 千克，单价 15 元/千克；领用乙材料 1 200 件，单价 8 元/件。

④ 25 日，从星沙公司购进甲材料 800 千克，单价 15 元/千克，增值税税额为 2 040 元；购入乙材料 1 000 件，单价 8 元/件，增值税税额为 1 360 元。两种材料已验收入库，甲材料货款以银行存款付讫，其余暂欠。

⑤ 31 日，用银行存款偿还星沙公司货款 20 000 元和红山公司货款 5 000 元。

要求：（1）根据5月份发生的经济业务编制记账凭证（以会计分录代替）。

（2）根据上列记账凭证（以会计分录代替）采用记账凭证账务处理程序登记原材料与应付账款总账，并分别计算本期发生额合计和期末余额。

解析：（1）根据5月份发生的经济业务编制的会计分录如下：

① 2日，记8号。

借：原材料——甲材料　45 000
　　　　　——乙材料　8 000
　　应交税费——应交增值税（进项税额）　9 010
　　贷：应付账款——红山公司　62 010

② 5日，记18号。

借：应付账款——星沙公司　5 000
　　　　　　——红山公司　20 000
　　贷：银行存款　25 000

③ 15日，记23号。

借：生产成本——A产品　69 600
　　贷：原材料——甲材料　60 000
　　　　　　　——乙材料　9 600

④ 25日，记40号。

借：原材料——甲材料　12 000
　　　　　——乙材料　8 000
　　应交税费——应交增值税（进项税额）　3 400
　　贷：银行存款　14 040
　　　　应付账款——星沙公司　9 360

⑤ 31日，记50号。

借：应付账款——星沙公司　20 000
　　　　　　——红山公司　5 000
　　贷：银行存款　25 000

（2）应付账款和原材料总账如表3-8和表3-9所示。

表 3-8 “应付账款”总分类账

科目名称 应付账款

2017 年		凭证编号	摘要	借方											贷方											借或贷	余额										
月	日			亿	千	百	十	万	千	百	十	元	角	分	亿	千	百	十	万	千	百	十	元	角	分		亿	千	百	十	万	千	百	十	元	角	分
5	1		期初余额																							贷					3	7	0	0	0	0	0
5	2	记 8	购入材料																6	2	0	1	0	0	0	贷					9	9	0	1	0	0	0
5	5	记 18	归还欠款					2	5	0	0	0	0	0												贷					7	4	0	1	0	0	0
5	25	记 40	购入材料																	9	3	6	0	0	0	贷					8	3	3	7	0	0	0
5	31	记 50	归还欠款					2	5	0	0	0	0	0												贷					5	8	3	7	0	0	0
5	31		本月合计					5	0	0	0	0	0	0					7	1	3	7	0	0	0	贷					5	8	3	7	0	0	0

表 3-9 “原材料”总分类账

科目名称 原材料

2017 年		凭证编号	摘要	借方											贷方											借或贷	余额										
月	日			亿	千	百	十	万	千	百	十	元	角	分	亿	千	百	十	万	千	百	十	元	角	分		亿	千	百	十	万	千	百	十	元	角	分
5	1		期初余额																							借					8	3	2	0	0	0	0
5	2	记 8	购入材料					5	3	0	0	0	0	0												借				1	3	6	2	0	0	0	0
5	15	记 23	领用材料																6	9	6	0	0	0	0	借					6	6	6	0	0	0	0
5	25	记 40	购入材料					2	0	0	0	0	0	0												借					8	6	6	0	0	0	0
5	31		本月合计					7	3	0	0	0	0	0					6	9	6	0	0	0	0	借					8	6	6	0	0	0	0

2. 明细分类账的设置和登记方法

明细分类账是根据明细分类账户开设账页，分类、连续地登记经济业务以提供明细核算资料的账簿，其格式有三栏式、数量金额式、多栏式等多种格式。

不同类型经济业务的明细分类账，可根据管理需要，依据记账凭证、原始凭证或汇总原始凭证逐日逐笔或定期汇总登记。固定资产、债权、债务等明细账应逐日逐笔登记；库存商品、原材料、产成品收发明细账，以及收入、费用明细账可以逐笔登记，也可定期汇总登记。

（1）三栏式明细分类账。三栏式明细分类账设有“借方”“贷方”“余额”三个栏目，用以分类核算各项经济业务，提供详细核算资料的账簿。其格式与三栏式总账格式相同，适用于只进行金额核算的账户，如“短期借款”“应收账款”“实收资本”账户的明细账。三栏式明细分类账的格式如表 3-10 所示。

表 3-10 明细分类账

本账页数	
本户页数	

一级科目________________

子目或户名________________

2017 年		凭证编号	摘要	对方科目	借方											贷方											借或贷	余额										
月	日				亿	千	百	十	万	千	百	十	元	角	分	亿	千	百	十	万	千	百	十	元	角	分		亿	千	百	十	万	千	百	十	元	角	分

【例 3-4】志成公司属于增值税一般纳税人，2017 年 1 月 1 日“应收账款——大新公司”账户期初余额为 500 000 元。

该公司 2017 年 1 月发生下列经济业务：

（1）1 月 5 日，公司收到大新公司归还货款 300 000 元存入银行。

（2）1 月 10 日，公司收到大新公司归还货款 200 000 元存入银行。

（3）1 月 15 日，向大新公司销售产品一批，开出的增值税专用发票注明价款 500 000 元，增值税销项税额为 85 000 元，款项尚未收到。

（4）1 月 20 日，向大新公司销售产品一批，开出的增值税专用发票注明价款 200 000 元，增值税销项税额为 34 000 元，款项尚未收到。

（5）1 月 31 日，收到大新公司归还的货款 400 000 元存入银行。

根据上述经济业务编制会计分录如下：

（1）记 10 号：

借：银行存款　　300 000

　　贷：应收账款——大新公司　　300 000

（2）记 18 号：

借：银行存款　　200 000

　　贷：应收账款——大新公司　　200 000

（3）记 26 号：

借：应收账款——大新公司　　585 000

　　贷：主营业务收入　　500 000

　　　　应交税费——应交增值税（销项税额）　　85 000

（4）记 32 号：

借：应收账款——大新公司　　234 000

　　贷：主营业务收入　　200 000

　　　　应交税费——应交增值税（销项税额）　　34 000

（5）记 50 号：

借：银行存款　　400 000

　　贷：应收账款——大新公司　　400 000

根据上述记账凭证（以会计分录代替）登记“应收账款——大新公司”明细账，如表 3-11 所示。

表 3-11　“应收账款”明细分类账

本账页数	
本户页数	

一级科目＿＿＿＿＿＿＿＿

子目或户名　大新工厂

2017 年		凭证编号	摘要	对方科目	借方											贷方											借或贷	余额										
月	日				亿	千	百	十	万	千	百	十	元	角	分	亿	千	百	十	万	千	百	十	元	角	分		亿	千	百	十	万	千	百	十	元	角	分
1	1		期初余额																								借				5	0	0	0	0	0	0	0
	5	记 10	收到货款																3	0	0	0	0	0	0	0	借				2	0	0	0	0	0	0	0
	10	记 18	收到货款																2	0	0	0	0	0	0	0	平											
	15	记 26	销售产品					5	8	5	0	0	0	0	0												借				5	8	5	0	0	0	0	0
	20	记 32	销售产品					2	3	4	0	0	0	0	0												借				8	1	9	0	0	0	0	0
	31	记 50	收到货款																4	0	0	0	0	0	0	0	借				4	1	9	0	0	0	0	0
1	31		本月合计					8	1	9	0	0	0	0	0				9	0	0	0	0	0	0	0	借				4	1	9	0	0	0	0	0

（2）数量金额式明细分类账。数量金额式明细分类账其借方（收入）、贷方（发出）和余额（结存）都分别设有“数量”“单价”“金额”三个专栏。适用于既要进行金额核算又要进行数量核算的账户，如“原材料”“库存商品”账户的明细账。数量金额式明细分类账的格式如表 3-12 所示。

表 3-12　数量金额式明细分类账

本账页数	
本户页数	

最高存量 ____________

最低存量 ____________

编号 ____________ 规格 ____________　　　　单位（　　　）名称 ____________

年		凭证号数	摘要	账页	借方												贷方												结存											
					数量	单价	金额										数量	单价	金额										数量	单价	金额									
月	日						千	百	十	万	千	百	十	元	角	分			千	百	十	万	千	百	十	元	角	分			千	百	十	万	千	百	十	元	角	分

【例 3-5】根据上述例 3-3 相关的业务资料，登记甲材料明细分类账如表 3-13 所示。

表 3-13 “原材料”明细账

户名：甲材料

2017 年		凭证字号	摘要	借方			贷方			余额		
月	日			数量	单价	金额	数量	单价	金额	数量	单价	金额
5	1		期初余额							4 000	15	60 000
	2	记 8 号	购料	3 000	15	45 000				7 000	15	105 000
	15	记 23 号	领料				4 000	15	60 000	3 000	15	45 000
	25	记 40 号	购料	800	15	12 000				3 800	15	57 000
5	31		本月合计	3 800		57 000	4 000		60 000	3 800	15	57 000

（3）多栏式明细分类账。多栏式明细分类账是将属于同一个总账科目的各个明细科目合并在一张账页上进行登记。适用于收入、成本、费用、成果类账户的明细核算，如“生产成本”“制造费用”“本年利润”账户的明细账。多栏式明细分类账的格式如表 3-14 所示。

表 3-14 “管理费用”明细账

年		凭证编号	摘要	借方	贷方	借或贷	余额	借方				
月	日							公司经费	董事会费	审计费	咨询费	职工福利

【例 3-6】飞跃公司 2017 年 4 月发生下列经济业务：

（1）4 月 1 日，用现金支付行政科办公费 800 元。（记账凭证编号为记字 3 号）

（2）4 月 3 日，召开董事会，以银行存款支付会务费用 50 000 元。（记账凭证编号为记字 7 号）

（3）4 月 25 日，用银行存款支付审计费 36 000 元。（记账凭证编号为记字 32 号）

（4）4 月 28 日，用银行存款支付咨询费 12 000 元。（记账凭证编号为记字 37 号）

（5）4 月 30 日，计提行政管理人员福利费 3 500 元。（记账凭证编号为记字 46 号）

（6）4 月 30 日，将本月发生的管理费用结转至“本年利润”账户。（记账凭证编号为

记字 47 号）

根据上述经济业务编制记账凭证（用会计分录代替）如下：

（1）借：管理费用　　800
　　　贷：库存现金　　800

（2）借：管理费用　　50 000
　　　贷：银行存款　　50 000

（3）借：管理费用　　36 000
　　　贷：银行存款　　36 000

（4）借：管理费用　　12 000
　　　贷：银行存款　　12 000

（5）借：管理费用　　3 500
　　　贷：应付职工薪酬——职工福利费　　3 500

（6）借：本年利润　　102 300
　　　贷：管理费用　　102 300

“管理费用”明细账登记如表 3-15 所示。

表 3-15　“管理费用”明细账

2017 年		凭证编号	摘要	借方	贷方	借或贷	余额	借方						
月	日							公司经费	董事会费	审计费	咨询费	职工福利	…	…
4	1	记 3	办公费	800		借	800	800						
	3	记 7	董事会费	50 000		借	50 800		50 000					
	25	记 32	审计费	36 000		借	86 800			36 000				
	28	记 37	咨询费	12 000		借	98 800				12 000			
	30	记 46	福利费	3 500		借	102 300					3 500		
	30	记 47	月末结转		102 300	平	0	800	50 000	36 000	12 000	3 500		
4	30		本月合计	102 300	102 300	平	0	800	50 000	36 000	12 000	3 500		

3. 总分类账户与明细分类账户的关系及平行登记

1）总分类账户与明细分类账户的关系

总分类账户对明细分类账户具有统驭控制作用；明细分类账户对总分类账户具有补充说明作用。总分类账户与其所属明细分类账户在总金额上应当相等。

2）总分类账户与明细分类账户的平行登记

平行登记是指对所发生的每项经济业务事项，都要以会计凭证为依据，一方面记入有关总分类账户，另一方面记入有关总分类账户所属明细分类账户。

总分类账户与明细分类账户平行登记要求做到：所依据的会计凭证相同（依据相同）；借、贷方向相同（方向相同）；所属会计期间相同（期间相同）；记入总分类账户的金额与记入其所属明细分类账户的金额合计数相等（金额相等）。

【例 3-7】大恒公司 2017 年 3 月份发生的经济业务如下：

（1）1 日，从星光工厂购入甲材料 4 000 千克，买价为 40 000 元，增值税进项税额为 6 800 元；从长江工厂购入乙材料 1 000 千克，买价为 4 000 元，增值税进项税额为 680 元。款项尚未支付。（记账凭证编号：记字 1 号）

借：原材料——甲材料　　40 000
　　　　　——乙材料　　4 000
　　应交税费——应交增值税（进项税额）　　7 480
　　贷：应付账款——星光工厂　　46 800
　　　　　　　　——长江工厂　　4 680

（2）7 日，以银行存款归还前欠星光工厂的货款 30 000 元，归还长江工厂货款 10 000 元。（记账凭证编号：记字 17 号）

借：应付账款——星光工厂　　30 000
　　　　　　——长江工厂　　10 000
　　贷：银行存款　　40 000

（3）15 日，生产 A 产品领用甲材料 5 000 千克，单价 10 元；领用乙材料 2 200 千克，单价 4 元。（记账凭证编号：记字 25 号）

借：生产成本——A 产品　　58 800
　　贷：原材料——甲材料　　50 000
　　　　　　　——乙材料　　8 800

（4）20 日，用转账支票购入甲材料 3 500 千克，买价 35 000 元，增值税进项税额为 5 950 元；购入乙材料 2 000 千克，买价 8 000 元，增值税进项税额为 1 360 元。（记账凭证编号：记字 32 号）

借：原材料——甲材料　　35 000
　　　　　——乙材料　　8 000
　　应交税费——应交增值税（进项税额）　　7 310
　　贷：银行存款　　50 310

（5）31 日，以银行存款归还前欠星光工厂的货款 20 000 元，归还长江工厂货款 15 000 元。（记账凭证编号：记字 50 号）

借：应付账款——星光工厂　　20 000

——长江工厂　　15 000

贷：银行存款　　35 000

要求：根据上列记账凭证（以会计分录代替）登记“原材料”与“应付账款”总分类账和所属明细分类账，并分别计算本期发生额合计金额和期末余额。

解析：“原材料”和“应付账款”总分类账和所属明细分类账如表 3-16～表 3-21 所示。

表 3-16　“原材料”总分类账

科目名称 原材料

2017 年		凭证编号	摘要	借方											贷方											借或贷	余额										
月	日			亿	千	百	十	万	千	百	十	元	角	分	亿	千	百	十	万	千	百	十	元	角	分		亿	千	百	十	万	千	百	十	元	角	分
3	1		期初余额																							借					2	6	0	0	0	0	0
	1	记 1	购入材料					4	4	0	0	0	0	0												借					7	0	0	0	0	0	0
	15	记 25	领用材料																5	8	8	0	0	0	0	借					1	1	2	0	0	0	0
	20	记 32	购入材料					4	3	0	0	0	0	0												借					5	4	2	0	0	0	0
3	31		本月合计					8	7	0	0	0	0	0					5	8	8	0	0	0	0	借					5	4	2	0	0	0	0

表 3-17　“原材料”明细账（甲材料）

品名：甲材料

2017 年		凭证字号	摘要	借方			贷方			余额		
月	日			数量	单价	金额	数量	单价	金额	数量	单价	金额
3	1		期初余额							2 000	10	20 000
	1	记 1 号	购入	4 000	10	40 000				6 000	10	60 000
	15	记 25 号	领用				5 000	10	50 000	1 000	10	10 000
	20	记 32 号	购入	3 500	10	35 000				4 500	10	45 000
3	31		本月合计	7 500		75 000	5 000		50 000	4 500	10	45 000

表 3-18 “原材料”明细账（乙材料）

品名：乙材料

2017年		凭证字号	摘要	借方			贷方			余额		
月	日			数量	单价	金额	数量	单价	金额	数量	单价	金额
3	1		期初余额							1 500	4	6 000
	1	记 1 号	购入	1 000	4	4 000				2 500	4	10 000
	15	记 25 号	领用				2 200	4	8 800	300	4	1 200
	20	记 32 号	购入	2 000	4	8 000				2 300	4	9 200
3	31		本月合计	3 000		12 000	2 200		8 800	2 300	4	9 200

表 3-19 “应付账款”总分类账

科目名称 应付账款

2017年		凭证编号	摘要	借方											贷方											借或贷	余额										
月	日			亿	千	百	十	万	千	百	十	元	角	分	亿	千	百	十	万	千	百	十	元	角	分		亿	千	百	十	万	千	百	十	元	角	分
3	1		期初余额																							贷					4	7	0	0	0	0	0
	1	记 1	购入材料																5	1	4	8	0	0	0	贷					9	8	4	8	0	0	0
	7	记 17	归还欠款					4	0	0	0	0	0	0												贷					5	8	4	8	0	0	0
	31	记 50	归还欠款					3	5	0	0	0	0	0												贷					2	3	4	8	0	0	0
3	31		本月合计					7	5	0	0	0	0	0					5	1	4	8	0	0	0	贷					2	3	4	8	0	0	0

表 3-20 “应付账款”明细分类账

户名：星光工厂

2017 年		凭证编号	摘要	借方	贷方	借或贷	余额
月	日						
3	1		期初余额			贷	15 000
	1	记 1 号	购入材料		46 800	贷	61 800
	7	记 17 号	归还货款	30 000		贷	31 800
	31	记 50 号	归还货款	20 000		贷	11 800
3	31		本月合计	50 000	46 480	贷	11 800

表 3-21 “应付账款”明细分类账

户名：长江工厂

2017 年		凭证编号	摘要	借方	贷方	借或贷	余额
月	日						
3	1		期初余额			贷	32 000
	1	记 1 号	购入材料		4 680	贷	36 680
	7	记 17 号	归还货款	10 000		贷	26 680
	31	记 50 号	归还货款	15 000		贷	11 680
3	31		本月合计	25 000	4 680	贷	11 680

从上述平行登记的结果可以看出，“原材料”和“应付账款”总分类账户的期初、期末余额及本期借方、贷方发生额，与其所属明细分类账户的期初、期末余额之和及本期借方、贷方发生额之和都是相等的。利用这种相等的关系，可以核对总分类账和明细分类账的登记是否正确。核对的方法可以编制本期发生额及余额明细表与总分类账户核对。

根据本例，编制“原材料”和“应付账款”账户的本期发生额及余额明细表，如表 3-22 和表 3-23 所示。

表 3-22 “原材料”明细账本期发生额及余额明细表

明细账户	计量单位	单价/（元/千克）	期初余额		本期发生额				期末余额	
					收入（借方）		发出（贷方）			
			数量/千克	金额/元	数量/千克	金额/元	数量/千克	金额/元	数量/千克	金额/元
甲材料	千克	10	2 000	20 000	7 500	75 000	5 000	50 000	4 500	45 000
乙材料	千克	4	1 500	6 000	3 000	12 000	2 200	8 800	2 300	9 200
合计				26 000		87 000		58 800		54 200

表 3-23 “应付账款”明细账本期发生额及余额明细表

明细账户	期初余额	本期发生额		期末余额
		借方	贷方	
长江工厂	32 000	25 000	4 680	11 680
星光工厂	15 000	50 000	46 800	11 800
合计	47 000	75 000	51 480	23 480

第四节 对账和结账

一、对账

对账是指核对账目，定期将账簿记录的有关数字与相关的会计凭证、库存现金、有价证券、往来单位或者个人等进行相互核对，以保证账证相符、账账相符、账实相符的一项工作。

对账的主要内容包括账证核对、账账核对、账实核对。

1. 账证核对

账证核对是核对会计账簿记录与原始凭证、记账凭证的时间、凭证字号、内容、金额是否一致，记账方向是否相符。

2. 账账核对

账账核对是核对不同会计账簿之间的记录是否相符，具体核对以下内容。

（1）将全部总分类账簿的本期借方发生额合计数与本期贷方发生额合计数进行核对；将全部总分类账簿的期末借方余额合计数与期末贷方余额合计数核对。

（2）将总分类账簿与其所属的明细分类账簿进行核对，检查总账和明细账双方记载的经济业务内容及其记账方向是否一致，总账金额与其所属的明细账金额之和是否一致。

（3）将现金日记账、银行存款日记账的期末余额与总分类账簿中库存现金、银行存款账上的期末余额核对，检查总账与日记账记录是否相符。

（4）将财会部门财产物资明细分类账的期末余额与相应的财产物资保管部门或使用部门的明细分类账、实物登记卡上记载的期末结存数额核对，检查其是否相符。

3. 账实核对

账实核对是核对会计账簿记录、各项财产物资、债权债务等的账面余额与实有数额是否相符，具体核对以下内容。

（1）现金日记账账面余额与库存现金实有数额是否相符。

（2）银行存款日记账账面余额与银行对账单的余额是否相符。

（3）各项财产物资明细账账面余额与财产物资的实有数额是否相符。

（4）有关债权债务明细账账面余额与对方单位或者个人的账面记录是否相符。

二、结账

1. 结账的程序

（1）将本期发生的经济业务事项全部登记入账，并保证其正确性。

（2）根据权责发生制的要求，调整有关账项，合理确定本期应计的收入和费用。

小提示

权责发生制下期末账项调整，如计提折旧、计提利息、计提销售税金等的会计分录，按权责发生制的要求确定本期收入和费用。

（3）将损益类账户结转入“本年利润”账户，结平所有损益类账户。

（4）结算出资产、负债和所有者权益账户的本期发生额和余额，并结转下期。

（5）结账后按借贷记账法的试算平衡方法，编制总分类账户试算平衡表。

2. 结账的方法

1）月度结账（月结）

在每月最后一笔经济业务的记载下面画一条通栏红线，在红线下面的一行“摘要”栏内注明“本月合计”或“本月发生额及期末余额”，分别计算出本月借方发生额合计、贷方发生额合计及月末余额，然后在此行下面画一条通栏红线，表明月度结算完毕。

2）季度结账（季结）

在每季度最后一个月的月度结账的下一行“摘要”栏内注明“本季累计”或“本季发生额及余额”，分别计算出本季度借方发生额合计、贷方发生额合计及季末余额，然后在此行下面画一条通栏红线，表示季度结账完毕。

3）年度结账（年结）

在本年度最后一个季度的季度结账的下一行“摘要”栏内注明“本年累计”或“本年发生额及余额”，分别计算出本年度借方发生额合计、贷方发生额合计及年末余额，然后在此行下面画两条通栏红线，表示全年的登账至此结束。年度终了结账时，有余额的账户，要将其余额结转下年，并在“摘要”栏内注明“结转下年”字样；在下一会计年度新建有关会计账户的第一行“余额”栏内填写上年结转的余额，并在“摘要”栏内注明“上年结转”字样，无须编制会计分录。

3. 账簿的更换和保管

会计账簿的更换通常在新会计年度建账时进行。总账、日记账和大多数明细账应每年更换一次。备查账簿可以跨年度连续使用。

年度终了，各种账户在结转下年，建立新账后，一般都要把旧账送交总账会计集中统一管理。会计账簿暂由本单位财务会计部门保管一年，期满之后，由财务会计部门编造清册移交本单位的档案部门保管，如果单位没有设置档案部门的，财务会计部门应指定专人保管会计档案。会计账簿保管期限为 30 年，固定资产卡片账在固定资产报废清理后再保管 5 年。保管期满后再按规定的方法和程序销毁。

第五节　错账查找和更正方法

一、错账的查找方法

1. 差数法

差数法就是先确定错误的差额，找出差数所在的范围，直接从账账之间的差额数字来查找错误的方法。这种方法主要适用于漏记、重记等原因形成的差错。例如，现金日记账余额为 3 940 元，总账中库存现金账户的余额为 3 820 元，相差 120 元。可直接根据库存现金日记账账面余额与库存现金总账账面余额的差额来查找。

2. 尾数法

如果账簿记录发生金额错误，且差错是角、分，可以只检查元以下的尾数，以提高查错的效率。

3. 除 2 法

如果在记账过程中出现记账方向记反了，即借方记入贷方，或贷方记入借方，这种差错会导致该账户一方（借或贷）合计数增多，而另一方（贷或借）合计数减少的情况，而差额正好是记错方向金额的两倍，且差数应该为偶数，能被 2 整除，对于这种错误的查找可以采取除 2 法。例如，应记入“原材料——甲材料”账户借方的 4 000 元误记入贷方，则该明细账户的期末余额将小于其总分类账户期末余额 8 000 元，被 2 除的商 4 000 元即为借贷方向反向的金额。同理，如果借方金额大于贷方 600 元，则应查找有无 300 元的贷方金额误记入借方。

4. 除 9 法

除 9 法是指用差数除以 9 来查找错账的方法。这种方法主要适用于查找数字错位和相邻数字颠倒所引起的差错，有以下三种情况：一是将数字写小，如将 600 写成 60，错误数字小于正确数字 9 倍。查找的方法是：以差数除以 9 后得出的商即为写错的数字，商乘以 10 即为正确的数字。上例中差数 540（即 600－60）除以 9，商 60 即为错数，或大 10 倍后即可得出正确数字 600。二是将数字写大，如将 300 写成 3000，错误数字大于正确数字 9 倍。查找的方法是：以差数除以 9 后得出的商为正确的数字，商乘以 10 后所得的即为错误的数字。上例中差数 2 700（3 000－300）除以 9，所得的商 300 为正确数字，300 乘以 10（即 3 000）为错误数字。三是数字颠倒，记账时出现将相邻的两位数的数字顺序颠倒的错误，如将 89 写成 98，36 写成 63 等。查找的方法是：将差数除以 9，得出的商连续加 11，直到找出颠倒的数字为止。上例中 89 与 98 的差为 9，除 9 得 1，连加 11 为 12、23、34、45、56、67、78、89，如有 89 数字的业务，即有可能是颠倒的数字。

二、错账的更正方法

账簿记录发生错误，不准涂改、挖补、刮擦或者用药水消除字迹，不准重新抄写，必须按规定的方法更正。错账更正方法有划线更正法、红字更正法和补充登记法三种方法。

1. 划线更正法

在结账前发现账簿记录有文字或数字错误，而记账凭证没有错误，采用划线更正法。更正时，可在错误的文字或数字上画一条红线，表示错误内容已被注销，但应保持原错误记录文字或数字内容清晰可辨认，然后在红线的上方填写正确的文字或数字，并由记账人员及相关人员在更正处盖章。

小提示

对于错误的数字，应将整笔数字全部画红线更正，不得只更正其中的错误数字。对于文字错误，可只划去错误的部分。

【例 3-8】在记账凭证没有错误的情况下，登记账簿发生的各种错误均可采用划线更正法进行更正，具体操作如下：

（1）文字写错更正：如将摘要“购买原材料”误写为“领用原材料”，正确更正方法如表 3-24 所示。

表 3-24　“原材料”总分类账

户名：原材料

2017 年		凭证编号	摘要	借方	贷方	借或贷	余额
月	日						
6	1		月初余额			借	51 000
6	2	（略）	购买 ~~领用~~原材料　××印章	20 000		借	71 000

（2）数字写错更正：如下述账户中将贷方数字“2 500”误写为“5 200”，正确更正方法如表 3-25 所示。

表 3-25　“库存现金”总分类账

户名：库存现金

2017 年		凭证编号	摘要	借方	贷方	借或贷	余额
月	日						
6	1		月初余额			借	6 700
6	4	（略）	购办公用品		2 500 ~~5 200~~　××印章	借	4 200

（3）方向记错更正：如将应记入贷方的金额“320 000”误记入了借方，正确更正方法如表 3-26 所示。

表 3-26　“实收资本”总分类账

户名：实收资本

2017 年		凭证编号	摘要	借方	贷方	借或贷	余额
月	日						
6	1		月初余额			贷	2 000 000
6	16	（略）	接受投资	~~320 000~~　××印章	320 000	贷	2 320 000

（4）余额结错更正：如将借方余额计算错误，正确更正方法如表 3-27 所示。

表 3-27 “固定资产”总分类账

户名：固定资产

2017年		凭证编号	摘要	借方	贷方	借或贷	余额
月	日						
6	1		月初余额			借	180 000
6	19	（略）	购买设备	130 000		借	310 000 ~~357 000~~ ××印章

2. 红字更正法

记账后在当年内发现记账凭证所记的会计科目和记账方向错误，或者会计科目和记账方向无误而所记金额大于应记金额，从而引起记账错误，采用红字更正法。

更正方法如下：

（1）记账凭证会计科目或记账方向错误时，用红字填写一张与原记账凭证完全相同的记账凭证，以示注销原记账凭证，并在“摘要”栏内注明“注销某月某日某号凭证”字样，并据以记账；然后用蓝字填写一张正确的记账凭证，并在“摘要”栏内注明“订正某月某日某号凭证”字样，并据以记账。

（2）记账凭证会计科目和记账方向无误而所记金额大于应记金额时，按多记的金额用红字编制一张与原记账凭证会计科目和记账方向完全相同的记账凭证，并在“摘要”栏内注明“冲销某月某日某号凭证多记金额”字样以冲销多记多金额，并据以记账。

【例 3-9】计提本月管理部门的房屋折旧 6 000 元，填制记账凭证时分录误写为“制造费用”，并已经登记入账。

原错误记账凭证上的会计分录如下：

借：制造费用　6 000

　　贷：累计折旧　6 000

月末结账前发现了上述错误，先用红字（注：以方框代替红字）金额编制一张与错误分录相同的记账凭证，并登记入账，冲销原错误记录。

借：制造费用　[6 000]

　　贷：累计折旧　[6 000]

然后用蓝字重新编制一张正确的记账凭证并登记入账。其会计分录如下：

借：管理费用　6 000

　　贷：累计折旧　6 000

此项错账更正在账户中的情况如下：

借方 制造费用	贷方	借方 累计折旧	贷方	借方 管理费用	贷方
6 000			6 000	6 000	
[6 000]			[6 000]		
			6 000		

【例 3-10】企业生产 A 产品领用原材料 8 500 元，填制记账凭证时分录中应借应贷账户没有错，只是金额误记为 9 500 元，并已登记入账。

原错误记账凭证上的会计分录如下：

借：生产成本　　9 500

　　贷：原材料　　9 500

月末结账前发现了上述错误，此时按多记的差额 1 000 元，用红字金额编制一张与错误分录账户相同的记账凭证，并登记入账，冲销原多记的 1 000 元金额，使账户中保留正确的金额。

其记账凭证上的会计分录如下：

借：生产成本　　[1 000]

　　贷：原材料　　[1 000]

此项错账更正在账户中的情况如下：

借方 生产成本	贷方	借方 原材料	贷方
9 500			9 500
[1 000]			1 000

小练习 3-2

会计小阳在处理业务“开出支票支付广告费 20 000 元”时，所做记账凭证上的会计分录如下，并已登记入账。

借：管理费用　　20 000

　　贷：银行存款　　20 000

要求：帮助小阳用正确的方法更正。

3. 补充登记法

记账后在当年内发现记账凭证所记的会计科目和记账方向无错误，所记金额小于应记金额。

更正方法是按少记的金额用蓝字编制一张与原记账凭证会计科目和记账方向完全相同的记账凭证，并在“摘要”栏内注明“补充某月某日某号凭证少记金额”字样以补充少记的金额，并据以记账。

【例 3-11】企业接银行通知收到长海工厂汇还前欠货款 35 000 元时，所做记账凭证上的会计分录如下，并已登记入账。

借：银行存款　　25 000

　　贷：应收账款　　25 000

月末结账前发现了上述错误，此时按少记的金额用蓝字编制一张与错误分录相同的记账凭证，并登记入账，补充原少记的金额。

更正时的记账凭证上的会计分录如下：

借：银行存款　　10 000

　　贷：应收账款　　10 000

此项错账更正在账户中的情况如下：

借方	银行存款 贷方
25 000	
10 000	

借方	应收账款 贷方
	25 000
	10 000

小练习 3-3

会计小胡在处理业务“接银行通知收到米兰工厂汇还前欠货款 23 400 元”时，所做记账凭证上的会计分录如下，并已登记入账。

借：银行存款　　23 000

　　贷：应收账款　　23 000

要求：帮助小胡用正确的方法更正。

练　习　题

一、单项选择题

1．银行存款日记账账面余额每月与开户银行对账单核对，称为（　　）。

A．账证核对　B．账单核对　C．账实核对　D．账表核对

2．活页式账簿主要适用于（　　）。

A．现金日记账　B．银行存款日记账

C．总分类账　D．明细分类账

3．登记账簿应以审核无误的（　　）为依据。

A．会计科目　B．会计要素　C．会计凭证　D．会计报表

4．年度结账后，应将各有关账户的（　　）结转下年度，过入新账。

A．年初余额　　B．本年增加发生额

C．本年减少发生额　　D．年末余额

5．下列账户不采用多栏式明细分类账的有（　　）。

A．“生产成本”账户　　B．“管理费用”账户

C．“实收资本”账户　　D．“销售费用”账户

6．总分类账户和明细分类账户应进行平行登记，平行登记的要点不包括（　　）。

A．同方向登记　　B．反方向登记

C．同时期登记　　D．同金额登记

7．下列关于登记库存现金日记账的表述中，不正确的是（　　）。

A．有出纳人员登记　　B．按时间顺序逐日逐笔登记

C．每日结出余额　　D．根据收付转记账凭证登记

8．启用会计账簿时，不能在账簿扉页上书写的是（　　）。

A．单位名称　　B．账簿名称　　C．账户名称　　D．启用日期

9．结账时，应该画通栏双红线的是（　　）。

A．12 月末结出本年累计发生额和余额后

B．各月末结出本年累计发生额后

C．结出当月发生额后

D．结出本年累计发生额后

10．将账簿分为序时账，分类账和备查账的依据是（　　）。

A．账簿的登记方式　　B．账簿的用途

C．账簿的登记内容　　D．账簿的外表形式

二、多项选择题

1．下列有关总分类账的说法，正确的有（　　）。

A．按照总分类科目设置　　B．采用订本式账簿

C．账页格式为三栏式　　D．根据原始凭证登记

2．下列账户的明细账格式采用数量金额式的有（　　）。

A．“应收账款”账户　　B．“应付账款”账户

C．“原材料”账户　　D．“库存商品”账户

3．登记总分类账的依据可以是（　　）。

A．记账凭证　　B．原始凭证汇总表

C．明细分类账　　D．汇总记账凭证

4．错账查找的方法一般有（　　）。

A．除 2 法和除 9 法　　B．尾数法和差数法

C．补充登记法　　D．平行登记法

5．下列账户的明细账格式采用三栏式的有（　　）。

A．“应收账款”账户　　B．“短期借款”账户

C．“原材料”账户　　D．“实收资本”账户

6．作为账簿主体的账页一般包括（　　）。

A．账户名称　　B．记账日期　　C．“摘要”栏　　D．“金额”栏

7．登记明细分类账的依据可以是（　　）。

A．记账凭证　　B．原始凭证

C．原始凭证汇总表　　D．总分类账

8．一般情况下，企业的（　　）应每年更换一次。

A．总账　　B．日记账　　C．大部分明细账　　D．固定资产明细账

9．在登记账簿时，发生的记账错误常见的有（　　）。

A．漏记、重记　　B．账户记错　　C．方向记错　　D．金额记错

10．账簿记录发生错误时，应根据错账的具体情况，按规定的方法进行更改，不得采取的处理方法有（　　）。

A．用涂改液涂改　　B．用褪色药水消除字迹

C．撕去错页重新抄写　　D．用小刀挖补

三、判断题

1．现金日记账和银行存款日记账必须采用订本式账簿。（　　）

2．定期结账包括按月、按季、按年结账。（　　）

3．账证核对是指各种账簿记录与财产物资进行核对。（　　）

4．银行存款总账的期末余额应与银行存款日记账的期末余额核对相符。（　　）

5．登记账簿时的日期既要写会计凭证上的日期，又要写实际登账日的日期。（　　）

6．结账工作一般都是在每月的月初进行的。（　　）

7．红色墨水一般只能在结账划线、书写本月合计、改错和冲账时使用。（　　）

8．凡要结出余额的账户，结出余额后应在“借或贷”栏内写明“借”或“贷”字样，以表示余额的方向。（　　）

9．各总分类账户的期末余额与所属各明细分类账户的期末余额之和应核对相符，这属于账账核对。（　　）

10．“差额除二法”可以用来查找记账过程中由于记反方向而发生的差错。（　　）

四、实务题

1．颐芳工厂 2017 年 2 月 22 日银行存款日记账承前页记录为借方 238 000 元，贷方 188 000 元，借方余额 350 000 元。

2 月 22 日～3 月 5 日甲工厂发生下列相关经济业务，请代表出纳员李明根据有关凭证资料登记银行存款日记账（表 3-2）并做好 2 月份的结账工作（凭证编号略）。

（1）2 月 22 日，开出支票（支票号 4856），提取现金 2 000 元备用。

（2）2 月 28 日，接银行收账通知（电汇 3645），上级拨来投资款 400 000 元今日到账。

（3）3 月 2 日，将现金 15 000 元存入银行（现金解款单号 775）。

（4）3 月 4 日，以银行存款 22 000 元，归还前欠德化工厂货款（支票号 4857）。

（5）3 月 5 日，接银行收账通知（电汇 2388），洪桐工厂还来前欠货款 32 000 元。

表 3-28　银行存款日记账

2016 年		凭证编号	结算方式		摘要	借方										√	贷方										√	余额									
月	日		种类	号数		千	百	十	万	千	百	十	元	角	分		千	百	十	万	千	百	十	元	角	分		千	百	十	万	千	百	十	元	角	分

2．根据表 3-29“摘要”栏中的信息完成库存现金日记账的登记。

表 3-29　库存现金日记账

2017 年		凭证编号	摘要	对应科目	借方									√	贷方									√	余额								
月	日				百	十	万	千	百	十	元	角	分		百	十	万	千	百	十	元	角	分		百	十	万	千	百	十	元	角	分
1	1		期初余额																										5	8	0	0	0
	3	（略）	销售产品收到现金 810 元																														
	5		以现金预借差旅费 700 元																														
	10		从银行提取现金 2100 元																														
	15		以现金支付销售费 745 元																														
	20		以现金支付前欠货款 955 元																														
	25		以现金购买办公用品 290 元																														
	30		本月合计																														

3．可可工厂 2017 年 5 月 1 日“原材料”“应付账款”的总分类账户余额和明细分类账户余额如表 3-30 和表 3-31 所示。

表 3-30　原材料

账户名称	数量/千克	单位成本/（元/千克）	明细账余额/元	总账余额/元
原材料				106 000
A 材料	10 000	10	100 000	
B 材料	3 000	2	6 000	

表 3-31　应付账款

账户名称	明细账余额/元	总账余额/元
应付账款		48 000
正大工厂	25 000	
南海工厂	23 000	

该工厂 5 月份发生下列经济业务：

（1）1 日，用银行存款偿还正大工厂欠款 5 000 元，南海工厂欠款 2 000 元。

（2）5 日，购进如表 3-32 所示的材料，已验收入库，货款未付。

表 3-32　可可工厂 5 月 5 日购进材料情况

材料名称	数量/千克	单价/（元/千克）	金额/元	增值税/元	供应单位
A 材料	5 000	10	50 000	8 500	正大工厂
B 材料	2 000	2	4 000	680	南海工厂

（3）15 日，生产车间领用如表 3-33 所示的材料生产 A 产品。

表 3-33　生产车间领用材料情况

材料名称	数量/千克	单价/（元/千克）	金额/元
A 材料	4 000	10	40 000
B 材料	1 000	2	2 000

（4）25 日，购进如表 3-34 所示的材料，已验收入库，货款暂欠。

表 3-34　可可工厂 5 月 25 日购进材料情况

材料名称	数量/千克	单价/（元/千克）	金额/元	增值税/元	供应单位
A 材料	2 500	10	25 000	4 250	正大工厂
B 材料	2 000	2	4 000	680	南海工厂

（5）31日，用银行存款偿还正大工厂欠款14 000元和南海工厂欠款1 000元。

要求：（1）根据经济业务（1）将原材料、应付账款的总分类账户余额和明细分类账户余额记入账户中。

（2）根据经济业务（2）编制记账凭证（以会计分录代替）。

（3）登记原材料与应付账款总账和所属明细分类账，并分别计算本期发生额合计和期末余额。

（4）根据平行登记的结果编制原材料、应付账款明细账户本期发生额及余额表。

原材料和应付账款的总分类账户、明细分类账户，以及明细账户本期发生额及余额表如表3-35～表3-42所示。

表3-35　“原材料”总分类账

科目名称　原材料

年		凭证编号	摘要	借方											贷方											借或贷	余额										
月	日			亿	千	百	十	万	千	百	十	元	角	分	亿	千	百	十	万	千	百	十	元	角	分		亿	千	百	十	万	千	百	十	元	角	分

表 3-36 “原材料”明细分类账（A 材料）

本账页数	
本户页数	

最高存量 ________

最低存量 ________

编号 ________ 规格 ________ 单位（ ）名称 A 材料

年		凭证号数	摘要	账页	借方												贷方												余额											
					数量	单价	金额										数量	单价	金额										数量	单价	金额									
月	日						千	百	十	万	千	百	十	元	角	分			千	百	十	万	千	百	十	元	角	分			千	百	十	万	千	百	十	元	角	分

表 3-37 “原材料”明细分类账（B 材料）

本账页数	
本户页数	

最高存量 ________________

最低存量 ________________

编号 ________________ 规格 ________________ 单位（　　　　）名称 B 材料

年		凭证号数	摘要	账页	借方												贷方												结存											
					数量	单价	金额										数量	单价	金额										数量	单价	金额									
月	日						千	百	十	万	千	百	十	元	角	分			千	百	十	万	千	百	十	元	角	分			千	百	十	万	千	百	十	元	角	分

表 3-38 “应付账款”总分类账

科目名称 应付账款

年		凭证编号	摘要	借方											贷方											借或贷	余额										
月	日			亿	千	百	十	万	千	百	十	元	角	分	亿	千	百	十	万	千	百	十	元	角	分		亿	千	百	十	万	千	百	十	元	角	分

表 3-39 “应付账款”明细分类账

本账页数	
本户页数	

一级科目

子目或户名 正大工厂

2017 年		凭证编号	摘要	对方科目	借方											贷方											借或贷	余额										
月	日				亿	千	百	十	万	千	百	十	元	角	分	亿	千	百	十	万	千	百	十	元	角	分		亿	千	百	十	万	千	百	十	元	角	分

表 3-40 “应付账款”明细分类账

本账页数	
本户页数	

一级科目________

子目或户名 海南工厂

2017年		凭证编号	摘要	对方科目	借方											贷方											借或贷	余额										
月	日				亿	千	百	十	万	千	百	十	元	角	分	亿	千	百	十	万	千	百	十	元	角	分		亿	千	百	十	万	千	百	十	元	角	分

表 3-41 “原材料”明细账户本期发生额及余额表

2017年5月31日

明细账户名称	期初余额		本期发生额		期末余额	
	借方	贷方	借方	贷方	借方	贷方
A材料						
B材料						
合计						

表 3-42 “应付账款”明细账户本期发生额及余额表

2017 年 5 月 31 日

明细账户名称	期初余额		本期发生额		期末余额	
	借方	贷方	借方	贷方	借方	贷方
合计						

4．对以下错账用正确的方法进行更正。

（1）会计言云在处理业务“开出现金支票 20 000 元，支付办公费”时，所做记账凭证上的会计分录如下，并已登记入账。

借：管理费用　　200 000

　　贷：库存现金　　200 000

（2）会计言云在处理业务“黄河工厂汇还前欠货款 46 800 元”时，记账凭证无误，登记“应收账款”明细账时，将金额记入了借方，登记“银行存款”总账摘要时，把“黄河工厂”写成了“黄海工厂”。

（3）会计赵平在处理业务“向银行借入 6 个月借款 600 000 元”时，所做记账凭证上的会计分录如下，并已登记入账。

借：银行存款　　60 000

　　贷：短期借款　　60 000

（4）会计赵平在处理业务“购买办公用品 920 元，用现金支付”时，所做记账凭证上的会计分录如下，并已登记入账。

借：管理费用　　1 920

　　贷：库存现金　　1 920

第四章　成 本 计 算

学习目标

● 知识目标

1．了解成本计算的含义。
2．理解材料采购成本的构成，掌握材料采购成本的计算。
3．理解产品生产成本的构成，掌握产品生产成本的计算。
4．掌握产品销售成本的计算。

● 技能目标

1．能编制采购费用分配表。
2．能编制制造费用分配表。
3．能编制产品成本计算单。
4．能根据与成本计算相关的原始凭证填制记账凭证。
5．能登记“制造费用”明细账、“生产成本”明细账。

第一节　材料采购成本的计算

一、材料采购成本计算的含义

成本计算是指按照一定的成本计算对象，归集和分配企业在生产经营过程中发生的各种费用，并据以计算各种成本计算对象的总成本和单位成本的一种会计核算方法。材料采购成本的计算，是把企业在供应过程中因购买各种材料所支付的材料买价和所发生的各种采购费用，按材料的品种或规格分别进行归集，以计算出各种材料的实际采购总成本和单位成本。

企业从外部购入的材料，其采购成本包括买价、运杂费（包括运输费、装卸费、保险费、包装费、仓储费等）、运输途中的合理损耗、入库前的挑选整理费用，以及按规定应计入采购成本的税费和其他费用。

二、材料采购费用的归集

企业购买材料除支付材料买价外，还要支付材料的采购费用，如运输费、包装费、装卸费、仓储费、入库前的挑选整理费等。这些费用分摊到各种材料中才能确定各种材料的采购成本。为简化核算，实际工作中对发生的采购人员差旅费、市内运杂费、专设采购机构经费等，不列入材料采购成本，直接作为管理费用列支。

在归集采购费用时，有直接计入和间接计入两种方法。凡能分清是为采购某种材料而支付的费用应直接计入该种材料的采购成本；凡不能分清的，如运输几种材料共同发生的运输费，则应采用合理的分配标准（如按材料的重量或买价），分配计入各种材料的采购成本。

三、材料采购费用的分配

材料买价加上采购费用，构成材料的采购成本。材料的采购总成本除以验收入库材料的数量，就是购入材料的单位采购成本。其计算公式如下：

某种材料的采购成本＝该种材料买价＋该种材料负担的采购费用

采购费用分配率＝采购费用总额÷购入材料的总重量（或总买价）

某种材料应负担的采购费用＝该种材料的重量（或总买价）×采购费用分配率

某种材料的单位采购成本＝该种材料采购成本÷入库材料总重量

【例 4-1】2017 年 4 月 8 日，含光企业从恒华公司购入甲、乙两种材料，甲材料 50 吨，单价 600 元，乙材料 100 吨，单价 700 元，增值税税额为 17 000 元；购入两种材料的运输费为 3 000 元，增值税税额为 330 元。材料已验收入库，款项均以存款支付。

要求：（1）分别计算甲、乙材料的采购总成本和单位成本。

（2）填写材料采购费用分配表和收料单。

（3）根据相关原始凭证编制购买材料的记账凭证。

解析：（1）采购费用分配率＝3 000÷（50＋100）＝20（元/吨）

20 元/吨表示每吨材料应分摊运费 20 元，故

甲材料应负担的采购费用＝50×20＝1 000（元）

乙材料应负担的采购费用＝100×20＝2 000（元）

甲材料的采购总成本＝50×600＋1 000＝31 000（元）

甲材料单位采购成本＝31 000÷50＝620（元/吨）

乙材料的采购总成本＝100×700＋2 000＝72 000（元）

乙材料单位采购成本＝72 000÷100＝720（元/吨）

小提示

材料的单位采购成本大于单价，因为单位采购成本中包括采购费用的因素。

（2）材料采购费用分配表如凭证 4-1 所示，收料单如凭证 4-2 所示。

凭证 4-1

采购费用分配表

2017 年 4 月 8 日

项目 材料名称	分配标准（重量）	分配率	分配金额
甲材料	50	20	1 000.00
乙材料	100	20	2 000.00
合计	150		3 000.00

编制：肖莹　　　　审核：邓丽春

凭证 4-2

收　料　单

2017 年 4 月 8 日　　　　单位：元

名称	规格	计量单位	数量		实际成本				
			应收	实收	买价		运杂费	其他	合计
					单价	金额			
甲材料		吨	50.00	50.00	600.00	30 000.00	1 000.00	0.00	31 000.00
乙材料		吨	100.00	100.00	700.00	70 000.00	2 000.00	0.00	72 000.00
合　计			150.00	150.00		100 000.00	3 000.00	0.00	103 000.00

主管：秦奋　　验收：严谨　　采购：黄天舒　　制单：肖莹

（3）根据增值税专用发票（购买材料取得和购买运输劳务取得）、收料单、转账支票存根等原始凭证编制购买材料的记账凭证，如凭证 4-3 所示。

凭证 4-3

记账凭证

2017 年 4 月 8 日　　　　记　字第 29 号

摘要	总账科目	明细科目	记账√	借方金额										记账√	贷方金额										
				千	百	十	万	千	百	十	元	角	分		千	百	十	万	千	百	十	元	角	分	
采购材料款项已经支付	原材料	甲材料					3	1	0	0	0	0	0												附件4张
		乙材料					7	2	0	0	0	0	0												
	应交税费	应交增值税（进项税额）					1	7	3	3	0	0	0												
	银行存款																1	2	0	3	3	0	0	0	
合计					¥	1	2	0	3	3	0	0	0			¥	1	2	0	3	3	0	0	0	

会计主管：姚准则　　记账：　　出纳：杨兰　　审核：秦奋　　制单：肖莹

这项业务的发生，一方面使企业库存材料增加，应记入“原材料”账户的借方，另一方面使企业的银行存款减少，应记入“银行存款”账户的贷方。

小提示

购买材料支付的增值税进项税额不计入材料的采购成本，而应记入“应交税费——应交增值税（进项税额）”账户的借方。

小练习 4-1

2017 年 5 月 10 日，某企业从华强公司购入甲、乙两种材料，甲材料 40 吨，单价 650 元，乙材料 60 吨，单价 710 元，增值税税率为 17%，购入两种材料的运输费为 2 500 元，增值税税率为 11%。全部款项均以银行存款支付，材料验收入库。

要求：分别计算甲、乙材料的采购总成本和单位采购成本，并编制购入材料验收入库同时支付货款的分录。

第二节　产品生产成本的计算

一、产品生产成本计算的含义

产品生产成本的计算，是把企业在生产过程中所发生的各种生产费用，按产品的品种或规格分别进行归集，以计算出产品的实际总成本和单位成本。

生产过程是工业企业生产经营过程的第二个阶段，生产过程的业务就是制造产品业务，产品的生产过程既是新产品的制造过程，又是生产耗费过程，生产过程的耗费包括生产资料中的劳动手段（如固定资产）和劳动对象（如原材料）的耗费以及劳动力（工资）等方面的耗费，这些耗费以货币表现，称为生产费用，生产费用最终都要归集、分配到各种产品中去，形成各种产品的成本。按产品品种归集生产费用时，生产费用可概括地分为直接材料、直接人工、制造费用（简称为料、工、费），它们构成企业的产品成本项目。

产品成本计算的一般程序如下：

（1）确定成本计算对象（如某种产品），即生产费用归属的对象。要计算各种产品的成本，那么产品品种就是成本计算对象。

（2）按成本项目归集和分配生产费用。计入产品成本的生产费用，由于在生产过程中的用途不同，分为直接费用和间接费用两种。直接费用直接用于产品生产，如直接材料费用、生产工人的工资费用（直接人工），发生直接费用时直接记入“生产成本”账户。间接费用间接用于产品生产，如制造费用，间接费用期末分配后转入“生产成本”账户。

（3）计算完工产品成本。各项生产费用经过归集和分配后，都已记入“生产成本”账户，据此可计算出各种完工产品的总成本和单位成本。计算公式如下：

完工产品生产成本＝直接材料＋直接人工＋制造费用

完工产品单位成本＝完工产品生产成本÷完工产品数量

小提示

以生产电视机为例，假设生产一台电视机成本 2 030 元，其中耗用原材料 1 100 元，支付生产工人工资 430 元，发生制造费用 500 元，把这三个项目的金额相加就可以计算出产品的成本为 2 030 元。其中生产产品耗用的原材料称为直接材料，生产工人工资称为直接人工。产品的成本就是由直接材料、直接人工和制造费用三个成本项目组成。该电视机对外出售取得价款 2 800 元，2 800 元为产品的售价。

二、产品生产成本的核算

企业制造产品发生的生产费用，应区分可以直接按产品归集的费用和不能直接按产品归集的费用两种情况。凡是只与一种产品生产有关的各项直接费用，如直接材料费用和直接人工费用等，应按产品进行归集，直接记入“生产成本”账户。凡是与两种或两种以上产品生产有关的直接费用，应按一定的标准分配后再记入“生产成本”账户。而与产品生产有关的各车间组织管理生产所发生的间接费用，应先通过“制造费用”账户进行归集，然后按一定的标准分配转入“生产成本”账户。

1. 材料费用的核算

生产某种产品领用的材料，直接记入“生产成本”账户的借方，生产车间一般耗用的材料记入“制造费用”账户的借方，企业行政管理部门一般耗用的材料记入“管理费用”账户的借方，发出的各种材料记入“原材料”账户的贷方。

【例 4-2】含光企业 2017 年 7 月领用（发出）的材料及用途，如凭证 4-4 所示。

凭证 4-4

原材料发出汇总表

2017 年 7 月 31 日

类别 / 部门	01 材料		02 材料		合计
	数量	金额	数量	金额	
生产产品领用	362	36 200.00	2 410	24 100.00	60 300.00
其中：A 产品	250	25 000.00	1 900	19 000.00	44 000.00
B 产品	112	11 200.00	510	5 100.00	16 300.00
车间一般耗用			153	1 530.00	1 530.00
合计	362	36 200.00	2 563	25 630.00	61 830.00

制单：肖莹　　　　审核：邓丽春

要求：根据凭证 4-4 提供的信息，编制记账凭证。

解析：记账凭证如凭证 4-5 所示。

凭证 4-5

记 账 凭 证

2017 年 4 月 8 日　　　　记　字第 101 号

摘要	总账科目	明细科目	记账√	借方金额										记账√	贷方金额									
				千	百	十	万	千	百	十	元	角	分		千	百	十	万	千	百	十	元	角	分
部门领用原材料	生产成本	A 产品					4	4	0	0	0	0	0											
		B 产品					1	6	3	0	0	0	0											
	制造费用							1	5	3	0	0	0											
	原材料	甲材料																3	6	2	0	0	0	0
		乙材料																2	5	6	3	0	0	0
合计						¥	6	1	8	3	0	0	0				¥	6	1	8	3	0	0	0

附件 1 张

会计主管：姚准则　　记账：　　出纳：　　审核：秦奋　　制单：肖莹

2. 短期薪酬的核算

企业的制造业务除发生材料费用外，还会发生职工工资、奖金、津贴和补贴，以及职工福利费等职工薪酬。企业应设置“应付职工薪酬”账户，核算应付职工薪酬计提、结算和使用等情况。该账户属于负债类账户，贷方核算已分配计入有关成本费用项目的职工薪酬数额，借方登记实际发放或使用的职工薪酬数额等，该账户余额在贷方，表示企业应付未付的职工薪酬数额。

1）工资、奖金、津贴、补贴的核算

企业的工资、奖金、津贴、补贴一般按月发放。企业应当在职工为其提供服务的会计期间，根据职工提供服务的受益对象，分别计入相关资产成本或当期损益。如生产产品的生产工人薪酬记入“生产成本”账户的借方，车间管理人员的薪酬记入“制造费用”账户的借方，企业行政管理部门人员的薪酬记入“管理费用”账户的借方，销售部门人员的薪酬记入“销售费用”账户的借方，企业应付职工的各种薪酬记入“应付职工薪酬”账户的贷方。

【例 4-3】含光企业月末结算分配本月应付职工薪酬，包括工资 58 000 元，奖金 2 000 元，津贴和补贴 2 000 元。其中生产 A 产品工人薪酬 30 000 元，生产 B 产品工人薪酬 12 000 元，车间管理人员薪酬 4 000 元，企业行政管理人员薪酬 16 000 元。

要求：编制会计分录。

解析：编制会计分录如下：

借：生产成本——A 产品　30 000
　　　　　　——B 产品　12 000
　　制造费用　4 000
　　管理费用　16 000
　　贷：应付职工薪酬——工资、奖金、津贴和补贴　62 000

企业以现金 62 000 元实际支付职工薪酬时，编制会计分录如下：

借：应付职工薪酬——工资、奖金、津贴和补贴　62 000
　　贷：库存现金　62 000

小提示

如果企业通过银行转账方式直接发放职工工资，则按实发金额贷记“银行存款”账户。

2）职工福利费的核算

职工福利费是指企业向职工提供的生活困难补助、丧葬补助费、抚恤费、职工异地安家费、防暑降温费等职工福利支出。对于职工福利费，企业应当在实际发生时根据实际发生额计入当期损益或相关资产成本。借记“生产成本”“制造费用”“管理费用”“销售费用”等账户，贷记“应付职工薪酬——职工福利费”账户。

【例 4-4】2017 年 6 月 1 日，含光企业以现金支付行政管理部门职工生活困难补助 4 000 元。

要求：编制相关会计分录。

解析：计提时：

借：管理费用　　4 000

　　贷：应付职工薪酬——职工福利费　　4 000

支付时：

借：应付职工薪酬——职工福利费　　4 000

　　贷：库存现金　　4 000

3）国家规定了计提标准的职工薪酬的核算

对于国家规定了计提基础和计提比例的医疗保险费、工伤保险费、生育保险费等社会保险费和住房公积金，以及按规定提取的工会经费和职工教育经费，企业应当在职工为其提供服务的会计期间，根据规定的计提比例计算确定相应职工薪酬金额，并确认相关负债，按照受益对象计入当期损益或相关资产成本。借记“生产成本”“制造费用”“管理费用”“销售费用”等账户，贷记“应付职工薪酬——社会保险费（基本医疗保险）、社会保险费（工伤保险）、社会保险费（生育保险）、工会经费和职工教育经费（工会经费）、工会经费和职工教育经费（职工教育经费）、住房公积金”等明细账户。

【例 4-5】2017 年 6 月，春明企业按本月应付职工工资总额 100 000 元，提取社会保险等费用 9 200 元（凭证 4-6）。

要求：编制计提时的会计分录。

凭证 4-6

社会保险费用计算表

2017 年 6 月　　单位：元

项目	工资总额	医疗保险 10%	工伤保险 1%	生育保险 0.8%	社会保险费合计
A 产品生产工人	40 000	4 000	400	320	4 720
B 产品生产工人	20 000	2 000	200	160	2 360
车间管理人员	10 000	1 000	100	80	1 180
行政管理人员	30 000	3 000	300	240	3 540
合计	100 000	10 000	1 000	800	11 800

小提示

医疗保险费、养老保险费、失业保险费、工伤保险费和生育保险费，统称社会保险费（简称“五险”），养老保险费、失业保险费属于离职后福利中的设定提存计划范畴，通过“应付职工薪酬——设定提存计划（基本养老保险费）”账户、“应付职工薪酬——设定提存计划（失业保险费）”账户核算。

解析：这项业务的发生一方面使企业的成本、费用增加，另一方面使应付职工薪酬（社会保险费）增加，据此编制会计分录如下：

借：生产成本——A 产品　　4 720
　　　　　　——B 产品　　2 360
　　制造费用　　1 180
　　管理费用　　3 540
　　贷：应付职工薪酬——社会保险费（基本医疗保险）　　10 000
　　　　　　　　　　——社会保险费（工伤保险）　　1 000
　　　　　　　　　　——社会保险费（生育保险）　　800

企业向有关部门支付职工社会保险费时，借记“应付职工薪酬”账户，贷记“银行存款”等账户。

【例 4-6】春明企业按本月应付职工工资总额 100 000 元，提取住房公积金、工会经费、职工教育经费等工资附加费 14 500 元（凭证 4-7）。

要求：编制计提时的会计分录。

凭证 4-7

住房公积金、工会经费、职业教育经费计算表

2017 年 6 月　　单位：元

项目	工资总额	住房公积金 10%	工会经费 2%	职工教育经费 2.5%	合计
生产 A 产品工人	40 000	4 000	800	1 000	5 800
生产 B 产品工人	20 000	2 000	400	500	2 900
车间管理人员	10 000	1 000	200	250	1 450
行政管理人员	30 000	3 000	600	750	4 350
合计	100 000	10 000	2 000	2 500	14 500

解析：该项业务的会计分录如下：

借：生产成本——A 产品　　5 800
　　　　　　——B 产品　　2 900
　　制造费用　　1 450
　　管理费用　　4 350
　　贷：应付职工薪酬——住房公积金　　10 000
　　　　　　　　　　——工会经费和职工教育经费（工会经费）　　2 000
　　　　　　　　　　——工会经费和职工教育经费（职工教育经费）　　2 500

小练习 4–2

三和企业 2017 年 9 月应付职工工资及提取的社会保险等附加费用的资料如凭证 4-8 所示。

要求：(1) 根据已知比例计算有关工资附加费用的数额，并填入凭证 4-8 中。

(2) 编制分配工资、提取工资附加费用的分录。

凭证 4-8

工资分配及工资附加费用计算表

2017 年 9 月 单位：元

项目	工资总额	医疗保险 8%	住房公积金 10%	工会经费 2%	职工教育经费 2.5%	合计
A 产品生产工人	33 000					
B 产品生产工人	22 000					
车间管理人员	4 300					
行政管理人员	14 000					
销售部门人员	5 900					
合计	79 200					

3. 月末结转制造费用

月份终了，企业应将本月发生的制造费用总额全数结转到产品的生产成本中去，借记“生产成本”账户，贷记“制造费用”账户。

【例 4-7】春云企业只生产一种甲产品，2017 年 7 月末，企业将本月发生的制造费用总额 32 170 元全部结转到“生产成本”账户。

要求：编制相关会计分录。

解析：这项业务的发生，一方面使企业生产成本增加，另一方面制造费用因结转而减少。会计分录如下：

借：生产成本——甲产品 32 170

　　贷：制造费用 32 170

若企业生产两种或两种以上的产品，发生的某些生产费用不能直接计入各成本计算对象，则发生时先通过“制造费用”账户进行归集，月末再按一定标准（如按生产工人工资或生产工人工时比例等）进行分配后，记入“生产成本”账户。计算公式如下：

制造费用分配率＝制造费用总额÷生产工人工资（或工时）总额

某产品应分摊的制造费用＝某产品生产工人工资（或工时）×制造费用分配率

【例 4-8】长沙含光工厂 2017 年 5 月 31 日生产 A 产品 200 件，发生直接材料 54 000 元，直接人工 32 000 元；生产 B 产品 300 件，发生直接材料 46 000 元，直接人工 28 000 元；生产 A、B 产品共发生制造费用 12 000 元。

要求：按生产工人工资（直接人工）比例分配制造费用。

解析：制造费用分配率＝12 000÷（32 000＋28 000）＝0.2。

A 产品应分配的制造费用＝32 000×0.2＝6 400（元）。

B 产品应分配的制造费用＝28 000×0.2＝5 600（元）。

制造费用经过分配后，应做如下结转分录：

借：生产成本——A 产品　　6 400

　　　　　　——B 产品　　5 600

　贷：制造费用　　12 000

在实际工作中，制造费用的分配一般是通过编制制造费用分配表来进行的，根据上述计算资料，编制制造费用分配表如凭证 4-9 所示。

凭证 4-9

制造费用分配表

制表日期：2017 年 5 月 30 日

分配对象	分配标准	分配率	分配金额
A 产品	32 000	0.2	6 400.00
B 产品	28 000	0.2	5 600.00
合计	60 000	0.2	12 000.00

三、完工产品生产成本的计算和结转

如前所述，产品生产成本的计算，就是将企业生产过程中为生产产品所发生的各项生产费用按产品品种进行归集和分配，计算出各种产品的总成本和单位成本。计算公式如下：

产品生产总成本＝直接材料＋直接人工＋制造费用

产品单位生产成本＝产品总成本÷完工产品产量

【例 4-9】根据例 4-8 的资料，假定 A 产品 200 件全部生产完工，B 产品 300 件全部未完工。

要求：（1）计算 A 产品的生产总成本和单位成本，以及 B 产品的在产品成本。

（2）编制产品成本计算表。

解析：（1）A 产品生产总成本＝直接材料＋直接人工＋制造费用＝54 000＋32 000＋6 400＝92 400（元）。

A 产品单位生产成本＝A 产品总成本÷完工 A 产品产量＝92 400÷200＝462（元/件）。

B 在产品生产总成本＝直接材料＋直接人工＋制造费用＝46 000＋28 000＋5 600＝79 600（元）。

（2）A 产品和 B 产品成本计算表分别如凭证 4-10 和凭证 4-11 所示。

凭证 4-10

产品成本计算表

产品名称：A 产品　　　　制表日期：2017 年 5 月 31 日

成本项目	期初在产品	本月生产费用	费用合计	完工产品成本	单位成本	期末在产品成本
直接材料		54 000.00	54 000.00	54 000.00	462.00	
直接人工		32 000.00	32 000.00	32 000.00	462.00	
制造费用		6 400.00	6 400.00	6 400.00	462.00	
合计		92 400.00	92 400.00	92 400.00		

凭证 4-11

产品成本计算表

产品名称：B 产品　　　　制表日期：2017 年 5 月 31 日

成本项目	期初在产品	本月生产费用	费用合计	完工产品成本	单位成本	期末在产品成本
直接材料		46 000.00	46 000.00			46 000.00
直接人工		28 000.00	28 000.00			28 000.00
制造费用		5 600.00	5 600.00			5 600.00
合计		79 600.00	79 600.00			79 600.00

按成本项目归集和分配生产费用后，即可计算产品的制造成本。

（1）如果月末某种产品全部完工，该种产品成本明细账归集的费用即为该种完工产品的总成本，再除以该种产品的产量，即可计算出该种产品的单位成本。

（2）如果月末某种产品全部未完工，该种产品成本明细账所归集的费用，即为该种产品的在产品成本。

（3）本月生产的产品完工并验收入库，月末应结转完工入库产品的实际生产成本，借记“库存商品”账户，贷记“生产成本”账户。

（4）如果产品没有生产完工，则不需要做结转分录，“生产成本”账户的期末借方余额表示尚未生产完工的在产品实际成本。

（5）库存商品是指企业已完成全部生产过程并已验收入库、合乎标准规格和技术条件，可以按照合同规定的条件送交订货单位，或可以作为商品对外销售的产品。

根据例 4-8 的资料，登记“生产成本”明细账，A 产品明细账如表 4-1 所示，B 产品明细账如表 4-2 所示。

表 4-1 "生产成本"明细账（A 产品）

明细科目：A 产品

2017 年		凭证编号	摘要	直接材料	直接人工	制造费用	合计		方向	余额
月	日						借方	贷方		
5	1		期初在产品成本							
5	31	略	领用材料	54 000.00			54 000.00		借	54 000.00
	31	略	分配职工薪酬		32 000.00		32 000.00		借	86 000.00
	31	略	制造费用			6 400.00	6 400.00		借	92 400.00
	31	略	产品完工					92 400.00	平	0.00
	31	略	本月合计	54 000.00	32 000.00	6 400.00	92 400.00	92 400.00	平	0.00

表 4-2 "生产成本"明细账（B 产品）

明细科目：B 产品

2017 年		凭证编号	摘要	直接材料	直接人工	制造费用	合计		方向	余额
月	日						借方	贷方		
5	1		期初在产品成本							
5	31	略	领用材料	46 000.00			46 000.00		借	46 000.00
	31	略	分配职工薪酬		28 000.00		28 000.00		借	74 000.00
	31	略	制造费用			5 600.00	5 600.00		借	79 600.00
	31	略	本月合计	46 000.00	28 000.00	5 600.00	79 600.00		借	79 600.00

B 产品尚未生产完工，"生产成本——B 产品"明细账的余额 79 600 元即为月末在产品成本。

【例 4-10】要求： 根据例 4-9 的资料，填写完工 A 产成品（库存商品）入库单，并编制结转完工入库 A 产品生产成本的记账凭证。（本月记账凭证已编至 88 号）

解析： 完工 A 产成品入库单如凭证 4-12 所示。

凭证 4-12

产成品入库单（记账凭单）

2017 年 5 月 31 日　　编号：00629

产品编号	名称	规格	计量单位	实收数量	金额	备注
XJ09	A 产品		件	200	92 400.00	
合计				200	92 400.00	

第二联 记账联

仓库主管：秦怡　　保管：白威成

这项业务的发生，表明企业的在产品已生产完工转化为产成品，一方面使企业的库存商品增加，另一方面使生产成本因结转而减少。记账凭证如凭证 4-13 所示。

凭证 4-13

记 账 凭 证

2017 年 5 月 31 日　　记　字第 89 号

摘要	总账科目	明细科目	记账√	借方金额 千	百	十	万	千	百	十	元	角	分	记账√	贷方金额 千	百	十	万	千	百	十	元	角	分
结转完工入库产品成本	库存商品	A 产品					9	2	4	0	0	0	0											
	生产成本	A 产品																9	2	4	0	0	0	0
合计						¥	9	2	4	0	0	0	0				¥	9	2	4	0	0	0	0

附件 1 张

会计主管：　　记账：苏志明　　出纳：　　审核：　　制单：姚东

【小练习 4-3】

三友企业 2017 年 6 月生产 A、B 两种产品，均已生产完工验收入库（无在产品）。共发生制造费用 41 400 元，按生产 A、B 产品的工人工资（直接人工）比例分配制造费用。有关资料如凭证 4-14 所示。

凭证4-14

生产费用数据表

产品品种	产量	单位	直接材料	直接人工	制造费用	合计
A产品	2 080	件	58 000	32 000		
B产品	1 920	件	61 000	37 000		
合计			119 000	69 000		

要求：（1）分配制造费用并填写制造费用分配表（凭证4-15）。

（2）分别计算A、B产品的生产总成本和单位成本，并填写凭证4-14中的合计数。

（3）编制分配制造费用和结转完工入库产品成本的记账凭证（以会计分录代替）。

（4）登记生产成本（A产品）明细账（表4-3）。

凭证4-15

制造费用分配表

制表日期：

分配对象	分配标准	分配率	分配金额
合计			

表4-3 生产成本明细账

明细科目：

		凭证号	摘要	直接材料	直接人工	制造费用	合计		方向	余额
							借方	贷方		

第三节 产品销售成本的计算

产品销售成本是指已销产品的生产成本。产品销售成本的计算是计算企业已经销售出去的产品的实际生产成本。其计算公式如下：

产品销售成本＝产品销售数量×产品单位生产成本

如企业本月销售产品 4 500 件，每件生产成本 520 元，则产品销售成本＝4 500×520＝2 340 000（元）。

在实际工作中，企业可根据具体情况选择采用先进先出法、全月一次加权平均法、移动加权平均法、个别计价法等方法，计算确定已销产品的单位生产成本，从而确定销售产品的实际成本。这里简要介绍全月一次加权平均法。

全月一次加权平均法简称为加权平均法，是以期初产品数量和本期收入产品数量为权数，于月末一次计算产品平均单位成本，据以计算当月产品销售成本和月末结存产品成本的方法。计算公式如下：

$$\text{加权平均单位成本}=\frac{\text{期初结存产品成本}+\text{本期完工入库产品成本}}{\text{期初结存产品数量}+\text{本期完工入库产品数量}}$$

本期发出（销售）产品实际成本＝期末发出产品数量×加权平均单位成本

期末结存产品实际成本＝期初结存产品成本＋本期完工入库产品成本－本期发出产品成本

或　　期末结存产品实际成本＝期末结存产品数量×加权平均单位成本

【例 4-11】含光企业 2017 年 5 月初 A 产品库存 600 件，单位成本 21 元，金额 12 600 元，本月生产完工验收入库 A 产品数量 4 400 件，单位成本 22 元，金额 96 800 元，本月 A 产品销售 4 500 件，月末结存 A 产品 500 件。

要求：（1）采用全月一次加权平均法计算本月 A 产品的销售成本和月末结存成本。

（2）根据产品销售成本计算表，编制结转产品销售成本的记账凭证。

（3）登记库存商品明细账。

解析：（1）加权平均单位成本＝（12 600＋96 800）÷（600＋4 400）＝21.88（元/件）。

本月产品销售成本＝4 500×21.88＝98 460（元）。

月末库存商品成本＝12 600＋96 800－98 460＝10 940（元），或月末库存商品成本＝月末结存产品数量×加权平均单位成本＝500×21.88＝10 940（元）。

（2）产品销售成本计算表如凭证 4-16 所示，产品销售成本的记账凭证如凭证 4-17 所示。

凭证 4-16

商品销售成本计算表

2017 年 5 月 31 日　　单位：元

商品型号	销售数量	单位成本	金额
A 产品	4 500	21.88	98 460.00
合计			98 460.00

审核：邓丽春　　制表：肖莹

凭证 4-17

记 账 凭 证

2017 年 5 月 31 日　　记　字第 94 号

摘要	总账科目	明细科目	记账√	借方金额 千	百	十	万	千	百	十	元	角	分	记账√	贷方金额 千	百	十	万	千	百	十	元	角	分
结转产品销售成本	主营业务成本	A 产品					9	8	4	6	0	0	0											
	库存商品	A 产品																9	8	4	6	0	0	0
合计						¥	9	8	4	6	0	0	0				¥	9	8	4	6	0	0	0

附件 1 张

会计主管：姚准则　　记账：　　出纳：　　审核：秦奋　　制单：肖莹

（3）“库存商品”明细账如表 4-4 所示。

表 4-4 “库存商品”明细账

会计科目：A 产品

2017 年		凭证字号	摘要	借方			贷方			余额		
月	日			数量	单价	金额	数量	单价	金额	数量	单价	金额
5	1		月初结存							600	21.00	12 600
	31	略	完工入库	440	22.00	96 800				5 000		
	31		销售商品结转成本				4 500		98 460	500	21.88	10 940
5	31		本月合计	440	22.00	96 800	4 500		98 460	500	21.88	10 940

小练习 4-4

某企业 C 产品 5 月初结存数量 500 件，单位成本 25 元，金额 12 500 元，本月生产完工验收入库 C 产品数量 4 500 件，单位成本 26 元，金额 117 000 元，本月销售 C 产品 4 300 件，月末结存 C 产品 700 件。

要求：采用加权平均法计算本月 C 产品的销售成本和月末结存成本。

练 习 题

一、单项选择题

1. 一般纳税企业购买材料时支付的增值税进项税额，应记入（　　）账户的借方。

A. “在途物资”　　B. “应交税费”

C. “管理费用”　　D. “税金及附加”

2. 企业支付的购入材料的运杂费，可以在（　　）账户核算。

A. “管理费用”　　B. “固定资产”

C. “应收账款”　　D. “原材料”

3. “生产成本”账户的期末借方余额表示（　　）成本。

A. 入库材料　　B. 已经完工的产成品

C. 尚未完工的在产品　　D. 库存商品

4. “制造费用”账户的期末余额，应结转到（　　）账户。

A. “管理费用”　　B. “生产成本”

C. “本年利润”　　D. “固定资产”

5．计提本月固定资产折旧时，应贷记（　　）账户。

A．“制造费用”　　B．“管理费用”

C．“固定资产”　　D．“累计折旧”

二、多项选择题

1．下列账户属于成本类账户的有（　　）。

A．“在途物资”账户　　B．“所得税费用”账户

C．“制造费用”账户　　D．“生产成本”账户

2．下列属于成本项目的是（　　）。

A．直接材料　　B．直接人工　　C．制造费用　　D．财务费用

3．制造费用的分配标准有（　　）。

A．生产工人工时　　B．生产工人工资

C．机器工时　　D．材料重量

4．下列账户期末无余额的是（　　）。

A．“营业外收入”账户　　B．“制造费用”账户

C．“管理费用”账户　　D．“生产成本”账户

5．下列应计入材料采购成本的有（　　）。

A．材料运输费　　B．材料装卸搬运费

C．材料运输途中合理损耗　　D．材料运输途中发生的非常损失

三、判断题

1．材料买价加上采购费用和增值税进项税额，构成材料的采购成本。（　　）

2．材料的采购费用如果专为采购某一种材料而发生，可直接计入该种材料的采购成本。（　　）

3．产品成本的计算是通过“制造费用”账户进行的。（　　）

4．“制造费用”账户的月末余额，应结转到“实收资本”账户。（　　）

5．“生产成本”账户的年末余额，可能在借方，也可能在贷方。（　　）

四、会计分录题

三和企业为增值税一般纳税人，根据发生的下列经济业务编制会计分录。

（1）购入A材料，买价86 000元，增值税税额为14 620元，款项以存款支付，材料未到。

（2）以现金支付A材料的运费700元，增值税税额为77元。

（3）上述A材料验收入库，结转其实际采购成本。

（4）购入B材料，买价31 000元，增值税税额为5 270元，运费200元，增值税税额

为22元，材料已入库，全部款项尚未支付。

（5）生产甲产品，领用A材料52 380元。

（6）发出B材料7 910元，用于企业管理部门一般消耗。

（7）分配结转应付生产甲产品的工人工资16 500元和车间管理人员工资2 180元。

（8）计提生产甲产品工人社会保险费3 510元，车间管理人员社会保险费1 752元。

（9）计提固定资产折旧，车间固定资产折旧费5 880元，厂部固定资产折旧费2 910元。

（10）以存款支付车间水电费4 967元，企业管理部门（厂部）水电费5 184元。

（11）以现金支付本月应付职工工资32 700元。

（12）三和企业只生产甲产品，将本月发生的制造费用结转到产品生产成本。

（13）不考虑其他业务，本月甲产品全部完工，结转本月完工入库甲成品的实际生产成本。

（14）假设本月将生产的甲产品全部对外销售，结转本月产品的销售成本。

（15）以现金支付厂部办公用品费180元，支付销售商品发生的运杂费310元。

五、成本计算题

1．韵云公司2017年6月10日购入甲材料800千克，单价6元，乙材料700千克，单价7元，增值税税额为1 649元。运费600元，增值税税额为66元。材料验收入库，款项以存款支付，按重量分配材料运杂费。

要求：（1）分别计算甲、乙材料应分摊的运杂费，填写采购费用分配表（凭证4-18）。

凭证4-18

采购费用分配表

年　月　日

材料名称	分配标准（重量）/千克	分配率	分配金额/元
合计			

编制：　　　　审核：

（2）计算材料采购总成本和单位成本，填写收料单（凭证4-19）。

凭证 4-19

收料单

年　　月　　日　　　　　　　　　　　　　　　　单位：元

名称	规格	计量单位	数量		实际成本				
			应收	实收	买价		运杂费	其他	合计
					单价	金额			
合计									

主管：　　　　　　验收：　　　　　　采购：　　　　　　制单：

（3）编制购入材料支付货款，结转材料采购成本的记账凭证（凭证 4-20）。

凭证 4-20

记账凭证

年　　月　　日　　　　　　　　　　　　字第　　号

摘要	总账科目	明细科目	记账√	借方金额										记账√	贷方金额									
				千	百	十	万	千	百	十	元	角	分		千	百	十	万	千	百	十	元	角	分

附件　　张

会计主管：　　　　记账：　　　　出纳：　　　　审核：　　　　制单：

2．某企业 U 型材料 4 月初结存数量 500 件，单位成本 35 元，本月购买 U 型材料 3 500 件，单位成本 37 元，本月生产产品领用 U 型材料 3 600 件。

要求：采用加权平均法计算本月 U 型材料发出成本和月末结存成本。

3．韵运公司 2017 年 8 月生产 A、B 两种产品，均已生产完工验收入库（没有在产品）。共发生制造费用 21 000 元，按生产工人工时比例分配制造费用。有关资料如凭证 4-21 所示。

凭证 4-21

产品相关资料数据表

产品品种	产量	单位	生产工时	直接材料	直接人工	制造费用
A 产品	1 980	件	6 000	58 000	32 000	
B 产品	1 700	件	8 000	61 000	37 000	
合计			14 000	119 000	69 000	21 000

要求：（1）分别计算 A、B 产品的生产总成本和单位成本。

（2）分配制造费用，并填写制造费用分配表（凭证 4-22）。

（3）编制结转制造费用的记账凭证（凭证 4-23）。

（4）编制结转完工入库产品成本的记账凭证（凭证 4-24）。

（5）登记生产成本（A 产品）明细账（表 4-25）。

凭证 4-22

制造费用分配表

年 月 日

分配对象	分配标准（工人工时）	分配率	分配金额
合计			

凭证 4-23

记 账 凭 证

年 月 日 字第 号

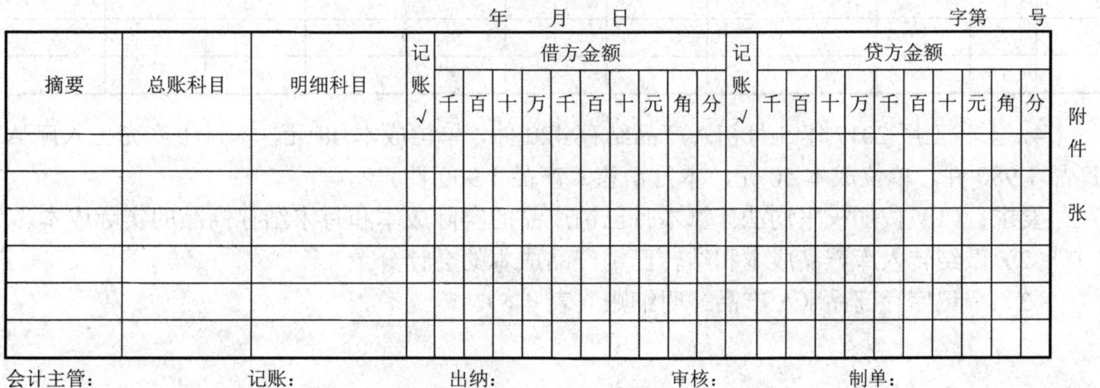

摘要	总账科目	明细科目	记账√	借方金额										记账√	贷方金额									
				千	百	十	万	千	百	十	元	角	分		千	百	十	万	千	百	十	元	角	分

附件 张

会计主管： 记账： 出纳： 审核： 制单：

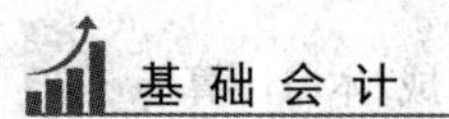

凭证 4-24

记账凭证

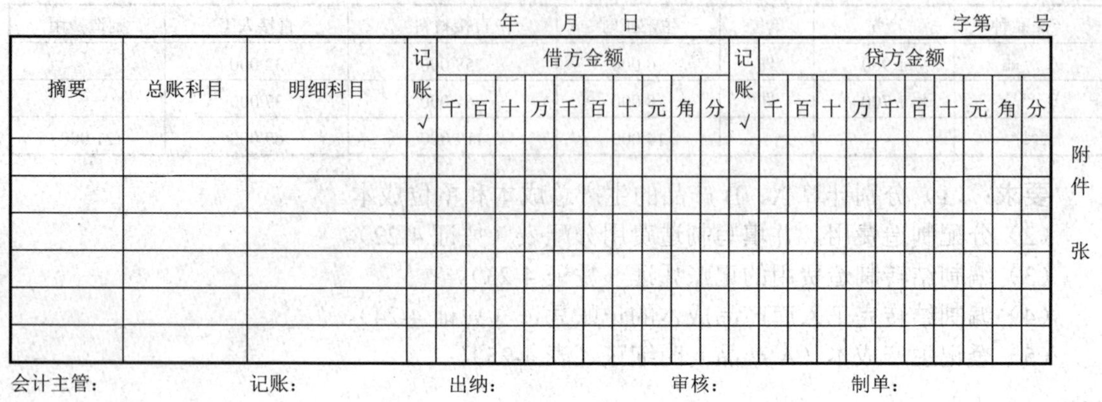

年 月 日 字第 号

摘要	总账科目	明细科目	记账√	借方金额										记账√	贷方金额									
				千	百	十	万	千	百	十	元	角	分		千	百	十	万	千	百	十	元	角	分

附件 张

会计主管： 记账： 出纳： 审核： 制单：

表 4-5 “生产成本”明细账

明细科目：

		凭证编号	摘要	直接材料	直接人工	制造费用	合计		方向	余额
							借方	贷方		

4. 太和工厂 2017 年 5 月初 A 产品结存 420 件，单位成本 48 元，本月生产完工入库 A 产品 1 980 件，单位成本 50 元，本月销售 A 产品 1 900 件。

要求：（1）按加权平均法计算本月已销产品的实际成本和月末结存商品的实际成本。

（2）做结转入库产品成本和结转已销产品成本的会计分录。

（3）登记库存商品（A 产品）明细账（表 4-6）。

表 4-6 “库存商品”明细账

会计科目：A 产品

2017 年		凭证	摘要	借方			贷方			余额		
月	日	编号		数量	单价	金额	数量	单价	金额	数量	单价	金额

六、综合题

1．蓝天工厂为增值税一般纳税人，发生如下经济业务：

（1）从 A 公司购入甲、乙两种材料，甲材料 500 吨，单价 650 元；乙材料 800 吨，单价 700 元，增值税税率为 17%。购入两种材料的运杂费为 3 600 元，增值税税率为 11%。材料尚未验收入库，款项均以存款支付。9 天后材料如数验收入库。

要求：① 分别计算甲、乙材料应分摊的运杂费，填写材料运费分配表（凭证 4-25）。

凭证 4-25

材料运费分配表

年 月 日

材料名称	分配标准（重量）	分配率	分配金额
合计			

会计主管： 记账： 制单：

② 分别计算甲、乙材料的采购总成本和单位成本，并填写收料单（凭证 4-26）。

凭证 4-26

收 料 单

年　月　日　　　　单位：元

<table>
<tr><td rowspan="3">名称</td><td rowspan="3">规格</td><td rowspan="3">计量单位</td><td colspan="2">数量</td><td colspan="5">实际成本</td></tr>
<tr><td rowspan="2">应收</td><td rowspan="2">实收</td><td colspan="2">买价</td><td rowspan="2">运杂费</td><td rowspan="2">其他</td><td rowspan="2">合计</td></tr>
<tr><td>单价</td><td>金额</td></tr>
<tr><td></td><td></td><td></td><td></td><td></td><td></td><td></td><td></td><td></td><td></td></tr>
<tr><td></td><td></td><td></td><td></td><td></td><td></td><td></td><td></td><td></td><td></td></tr>
<tr><td></td><td></td><td></td><td></td><td></td><td></td><td></td><td></td><td></td><td></td></tr>
<tr><td></td><td></td><td></td><td></td><td></td><td></td><td></td><td></td><td></td><td></td></tr>
<tr><td></td><td></td><td></td><td></td><td></td><td></td><td></td><td></td><td></td><td></td></tr>
<tr><td></td><td></td><td></td><td></td><td></td><td></td><td></td><td></td><td></td><td></td></tr>
<tr><td></td><td></td><td></td><td></td><td></td><td></td><td></td><td></td><td></td><td></td></tr>
<tr><td colspan="3">合计</td><td></td><td></td><td></td><td></td><td></td><td></td><td></td></tr>
</table>

主管：　　　　验收：　　　　采购：　　　　制单：

③ 编制支付材料款项时的会计分录。

④ 编制收到材料验收入库时的会计分录。

（2）蓝天工厂本月领用（发出）的材料及用途如凭证 4-27 所示。

要求：编制发出材料会计分录。

凭证 4-27

发出材料汇总表

项目	甲材料	乙材料	合计
生产产品领用	56 200	44 100	100 300
其中：A 产品	35 000	29 000	64 000
B 产品	21 200	15 100	36 300
车间一般耗用		2 530	2 530
行政管理部门耗用		1 540	1 540
合计	56 200	48 170	104 370

（3）蓝天工厂月末结算分配本月应付职工工资 67 300 元，其中生产 A 产品工人工资 33 000 元，生产 B 产品工人工资 22 000 元，车间管理人员工资 2 500 元，企业行政管理人员工资 9 800 元。按本月应付职工工资总额 67 300 元，按 8%提取医疗保险费。月末，将本月发生的制造费用总额（按生产工人工资进行分配）全部结转到“生产成本”账户。假设月末 A 产品全部未完工，B 产品全部完工。

要求：计算并结转完工 B 产品的成本。

2．晶晶工厂为生产性企业，2017 年 9 月发生如下经济业务：

（1）晶晶工厂 9 月生产 A 产品 400 件，发生直接材料 67 000 元，直接人工 29 000 元；生产 B 产品 500 件，发生直接材料 58 000 元，直接人工 26 000 元；生产 A、B 产品共发生制造费用 11 000 元。

要求：按生产工人工资（直接人工）比例分配制造费用，并做结转分录。

（2）假定上题中 A 产品全部生产完工，B 产品全部未完工。

要求：根据资料，填写产品生产成本计算单（凭证 4-28），并登记生产成本（A 产品）明细账（表 4-7）。

凭证 4-28

产品生产成本计算单

成本项目	A 产品（400 件）		B 产品（500 件）	
	总成本	单位成本	总成本	单位成本
直接材料				
直接人工				
制造费用				
合计				

表 4-7　“生产成本”明细账

明细科目：

		凭证编号	摘要	直接材料	直接人工	制造费用	合计		方向	余额
							借方	贷方		

（3）编制结转完工入库 A 产品成本的记账凭证（凭证 4-29）。

凭证 4-29

记账凭证

年 月 日 字第 号

摘要	总账科目	明细科目	记账√	借方金额										记账√	贷方金额									
				千	百	十	万	千	百	十	元	角	分		千	百	十	万	千	百	十	元	角	分

附件 张

会计主管： 记账： 出纳： 审核： 制单：

第五章　财产清查

学习目标

● 知识目标

1. 了解财产清查的概念和种类。
2. 理解财产物资的盘存制度。
3. 掌握财产清查的方法和财产清查结果的账务处理。

● 技能目标

1. 能填制库存现金盘点表、实存账存对比表、银行存款余额调节表。
2. 能根据相关原始凭证编制对财产清查结果进行账务处理的记账凭证。

第一节　财产清查概述

一、财产清查的概念

财产清查是指通过对货币资金、实物财产和往来款项的盘点或核对，确定其实存数，查实存数与账存数是否相符的一种会计核算专门方法。

二、财产清查的种类

1. 按财产清查的范围划分

财产清查按清查的范围可分为全面清查和局部清查。

1）全面清查

全面清查就是对企业的全部财产进行盘点和核对。其特点是清查内容多、范围广、需要投入的人力、物力多，花费的时间长，一般适用于以下几种情况：①年终决算之前；②单位撤销、合并或改变隶属关系之前；③中外合资、国内联营前；④公司股份制改制前；⑤开展全面的资产评估、清产核资前；⑥单位主要负责人调离工作岗位前。

2）局部清查

局部清查就是对企业的部分财产物资进行盘点和核对。其特点是清查范围小、涉及人员少，但专业性较强，局部清查的范围和对象应根据业务需要和相关的具体情况而定，一般而言，对于流动性较大的财产物资，如库存商品、原材料、周转材料等，年内应根据需要轮流盘点或重点抽查；对于各种贵重物资，每月应盘点一次；对于现金，每日终了，出纳人员应清点核对；对于银行存款，出纳人员每月至少应同银行核对一次；对于债权债务，企业每年至少应同对方核对一至两次。

2. 按财产清查的时间划分

财产清查按清查时间可分为定期清查和不定期清查。

1）定期清查

定期清查是根据预先计划或管理制度规定的时间安排进行的清查。清查的范围可以是全面清查，也可以是局部清查。一般在年末、季末、月末或是每日结账前进行。通过定期清查，可以在编制会计报表前发现账实不符的情况，及时调整有关账簿记录，使账实相符，从而保证会计资料的真实性。

2）不定期清查

不定期清查是指事先不规定清查日期，根据实际需要进行的临时性清查。清查的范围可以是全面清查，也可以是局部清查。一般适用于以下情况：①更换财产物资和现金保管员时；②发生自然灾害或意外损失时；③上级主管、财政、审计、银行等部门对企业进行会计检查时；④进行临时性清产核资时。

企业在编制年度财务会计报告前，应当全面清查财产、核实债务。企业应当定期将会计账簿记录与实物、款项及有关资料相互核对，保证会计账簿记录与实物及款项的实有数额相符。

三、财产清查的作用

（1）保证会计核算资料的准确和真实。

（2）挖掘财产物资的潜力。

（3）保护单位财产的安全和完整。

（4）促使单位遵守财经纪律和信贷结算等制度。

（5）促进经营管理水平的提高。

四、财产清查的一般程序

（1）建立财产清查组织。

（2）组织清查人员学习有关法律、法规、政策规定。

（3）确定清查对象、范围，明确清查任务。

（4）制定清查方案，具体安排清查内容、时间、步骤、方法，以及必要的清查前准备。

（5）清查时先清查数量、核对有关账簿记录等，后认定质量。

（6）填制盘存清单。

（7）根据盘存清单及相关账簿记录填制实物、往来账项清查结果报告表。

第二节 财产清查的方法

一、货币资金的清查

1. 现金的清查

现金的清查主要采用实地盘点法。通过对库存现金的实地盘点，来确定其实存数，再与现金日记账的账面余额核对，以查明账实是否相符及盈亏情况。

1）清查步骤

具体清查步骤如下：

（1）盘点库存现金的实有数额。

（2）与现金日记账的余额进行核对。

（3）核查账实是否一致，以及盈亏情况。

（4）盘点结束后，将现金盘点结果填列到库存现金盘点报告表内，由盘点人员和出纳员共同签章。库存现金盘点报告表格式如凭证 5-1 所示。

凭证 5-1

库存现金盘点报告表

单位名称：　　　　　　　　　　　　年　　月　　日

实存金额	账存金额	盈亏情况		备注
		盘盈数	盘亏数	
处理意见：				

主管：　　　　　　　　盘点人（签章）：　　　　　　　　出纳员（签章）：

2）注意事项

盘点时应注意以下情况：

（1）库存现金盘点时，要求出纳员必须在场。

（2）盘点时，需要注意有无违反库存现金管理规定，如以白条抵库或库存现金超过规定限额现象等。

（3）库存现金盘点报告表是反映现金实存数的原始凭证，也是查明账实发生差异原因和调整账簿记录的依据。

2. 银行存款的清查

银行存款的清查采取与开户银行核对账目的方法进行。即将本单位的银行存款日记账与开户行送来的对账单逐笔核对，一般在月末进行。

1）银行存款日记账与银行对账单不一致的原因

将截至清查日的所有银行存款的收支业务登记入账后，对发生的错账、漏账应及时查清更正，再与银行对账单逐笔核对。如果发现余额相符，说明双方记账基本正确；如果发现两者不相符，可能是两种原因，一是企业或银行某一方记账有错误，二是存在未达账项。

所谓未达账项是指企业和银行之间，由于凭证的传递时间不同，记账时间不一致，造成一方已入账，另一方尚未入账的款项。未达账项有两大类型：一是企业已入账而银行尚未入账的款项；二是银行已入账而企业尚未入账的款项。具体包括以下四项：

① 企业已收款入账，银行尚未收款入账的款项。如企业销售商品收到转账支票存入银行，根据银行盖章退回的进账单回单联已登记银行存款增加，而银行尚未登记入账。

② 企业已付款入账，银行尚未付款入账的款项。如企业开出转账支票购买办公用品，企业根据支票存根等原始凭证，已登记银行存款减少，但持票人尚未到银行办理转账手续，银行尚未登记减少。

③ 银行已收款入账，企业尚未收款入账的款项。如外地某单位以汇兑方式支付企业销售款，银行收到汇款后登记企业存款增加；而企业未收到汇款凭证因此未登记银行存款增加。

④ 银行已付款入账，企业尚未付款入账的款项。如银行受托代企业支付电费，银行取得支付电费的凭证，已登记企业存款减少；企业未到银行领取支付电费的凭证因而未登记银行存款减少。

上述任何一种未达账项的存在，都会使企业银行存款日记账的余额与银行对账单的余额不符。当发生①、④两种情况时，企业的银行存款日记账的账面余额将大于银行对账单余额；当发生②、③两种情况时，企业的银行存款日记账的账面余额将小于银行对账单余额。为了消除未达账项的影响，企业应根据核对后发现的未达账项，编制银行存款余额调节表。

2）银行存款清查的步骤

（1）将本单位银行存款日记账与银行对账单，以结算凭证种类、号码和金额为依据，逐笔核对。凡双方均有记录的，用铅笔在金额旁边打上记号“√”。

（2）找出未达账项，即银行存款日记账和银行对账单中没有打“√”的款项。

（3）将日记账和对账单的月末余额及找出的未达账项填入银行存款余额调节表中，计算出调节后的余额。

（4）将调整平衡的银行存款余额调节表，经主管会计签单后，呈报开户银行。

3）银行存款余额调节表的编制方法

银行存款余额调节表的编制是以双方账面期末余额为基础，各自分别加上对方已收款入账而本方尚未入账的数额，减去对方已付款入账而本方尚未入账的数额。其格式如表5-1所示。

表5-1 银行存款余额调节表

开户银行：

银行账号：　　　　　　　　　　　　　年　　月　　日　　　　　　　　　　　　币种：

银行对账单期末余额													企业账面期末余额												
调节内容	日期	凭证号数	摘要	百	十	万	千	百	十	元	角	分	调节内容	日期	支票号	摘要	百	十	万	千	百	十	元	角	分
加：企业已收银行未收													加：银行已收企业未收												
减：企业已付银行未付													减：企业已付银行未付												
调整后（银行对账单）余额													调整后（企业账面）余额												

会计：　　　　　　　　　　　　　　　出纳：

【例5-1】大为公司2017年5月银行存款日记账资料（表5-2），开户银行对账单（凭证5-2）。

要求：根据上述资料逐笔勾对，找出未达账项后编制银行存款余额调节表，进行月末对账。

表 5-2 银行存款日记账

开户行 中国工商银行

账 号 1100921302012000086

2017年		凭证编号	结算方式		摘要	借方											√	贷方											√	余额										
月	日		种类	号数		亿	千	百	十	万	千	百	十	元	角	分		亿	千	百	十	万	千	百	十	元	角	分		亿	千	百	十	万	千	百	十	元	角	分
5	1	略	略	略	承前页																												1	0	0	0	0	0	0	0
5	2				收回欠款					2	0	0	0	0	0	0																	1	2	0	0	0	0	0	0
5	5				付汇票款																	3	0	0	0	0	0	0						9	0	0	0	0	0	0
5	14				付货款																		2	5	0	0	0	0						8	7	5	0	0	0	0
5	20				申请本票																		1	0	0	0	0	0						8	6	5	0	0	0	0
5	24				存现金						9	0	0	0	0	0																		9	5	5	0	0	0	0
5	29				付零工费																		1	1	0	0	0	0						9	4	4	0	0	0	0
5	31				销售收入					1	4	0	0	0	0	0																	1	0	8	4	0	0	0	0
5	31				汇出采购款																	1	6	0	0	0	0	0						9	2	4	0	0	0	0
5	31				本月合计					4	3	0	0	0	0	0						5	0	6	0	0	0	0						9	2	4	0	0	0	0

凭证 5-2

中国工商银行客户存款对账单

地区号：　　网点号：　　币种：人民币（本位币）　　单位：元　　2017 年　　页号：5

账号：110092130201200086　　户名：大为公司基本存款户　　上页余额：

日期	业务产品种类	凭证种类	凭证号	对方户名	摘要	借方发生额	贷方发生额	余额	记账信息
5 月 1 日	略	略	略	略	汇入		20 000.00		
5 月 6 日	—	—	—	—	承付	30 000.00			
5 月 18 日	—	—	—	—	转付	2 500.00			
5 月 20 日	—	—	—	—	转付	1 000.00			
5 月 24 日	—	—	—	—	现收		9 000.00		
5 月 30 日	—	—	—	—	汇入		7 000.00		
5 月 30 日	—	—	—	—	转付	1 100.00			
5 月 31 日	—	—	—	—	托收		45 000.00	146 400.00	

解析：企业和银行的记账方向相反。银行存款余额调节表如表 5-3 所示。

表 5-3　银行存款余额调节表

开户银行：大为公司基本存款账户
银行账号：1100921302012000086　　　　2017 年 5 月 31 日　　　　币种：人民币

银行对账单期末余额				146 400									企业账面期末余额				92 400								
调节内容	日期	凭证号数	摘要	百	十	万	千	百	十	元	角	分	调节内容	日期	支票号	摘要	百	十	万	千	百	十	元	角	分
加：企业已收银行未收						1	4	0	0	0	0	0	加：银行已收企业未收						5	2	0	0	0	0	0
减：企业已付银行未付						1	6	0	0	0	0	0	减：企业已付银行未付												
调整后（银行对账单）余额				¥	1	4	4	0	0	0	0	0	调整后（企业账面）余额				¥	1	4	4	0	0	0	0	0

会计：张春风　　　　出纳：李红

4）银行存款余额调节表的作用

（1）银行存款余额调节表是一种对账记录或对账工具，不能作为调整账面记录的依据，即不能根据银行存款余额调节表中的未达账项来调整银行存款账面记录，未达账项应等收到有关原始凭证之后，才据以编制记账凭证，登记入账。

（2）调节后的余额，既不等于本单位银行存款日记账账面余额，也不等于银行对账单账面余额，而是本单位可以支用的银行存款的实有数。

（3）调节后余额相符，说明双方记录基本正确；如果不符，说明一方或双方记录有误，需进一步追查，查明原因后予以更正和处理。

小练习 5-1

云祥公司 2017 年 8 月 31 日银行存款日记账余额为 35 200 元，银行对账单余额为 34 800 元，经核对发现的未达账项如下：

（1）30 日企业开出的转账支票金额 5 300 元，持票人尚未办理结算。

（2）31 日企业将转账支票金额 4 500 元送存银行，银行尚未入账。

（3）31 日企业委托银行托收 3 500 元货款已收妥入账，但银行尚未通知企业。

（4）31 日银行为企业支付水电费 4 700 元，银行已入账，企业未入账。

要求：根据上述未达账项，编制银行存款余额调节表（表 5-4）。

表 5-4 银行存款余额调节表

开户银行：
银行账号：　　　　　　　　　　　　　　　年　　月　　日　　　　　　　　　　　　　　　币种：

银行对账单期末余额													企业账面期末余额												
调节内容	日期	凭证号数	摘要	百	十	万	千	百	十	元	角	分	调节内容	日期	支票号	摘要	百	十	万	千	百	十	元	角	分
加：企业已收 银行未收													加：银行已收 企业未收												
减：企业已付 银行未付													减：企业已付 银行未付												
调整后（银行对账单）余额													调整后（企业账面）余额												

会计：　　　　　　　　　　　　　　　　出纳：

二、实物财产的清查

实物财产是指具有实物形态的各种财产，包括原材料、自制半成品、在产品、产成品、周转材料和固定资产等。对这些物资，不仅要从数量上核对账面数与实物数是否相符，还应查明是否有损坏、变质等情况。

1. 实物财产的盘存制度

实物财产清查的重要环节是盘点实物财产的实存数量，为使盘点工作顺利进行，应建立一定的盘存制度。实物财产的盘存制度有永续盘存制和实地盘存制两种。

1）永续盘存制

永续盘存制又称账面盘存制，是指企业对各项财产物资收入和发出的数量和金额，都必须根据原始凭证和记账凭证在有关账簿中进行连续登记，并随时结出账面余额的一种盘存制度。其计算公式如下：

账面结存数额＝账面期初结存数额＋本期增加数额－本期减少数额

2）实地盘存制

实地盘存制是平时只在账簿中登记财产物资的增加数，不登记减少数，月末对财产物资进行实地盘点，将盘点的实存数作为账面结存数，然后倒挤计算出本期减少数，据以登记账簿的一种盘存制度。其计算公式如下：

本期减少数额＝账面期初结存数额＋本期增加数额－期末实地盘存数额

【例 5-2】云祥公司 2017 年 5 月初库存甲材料 100 千克，单位成本 1 000 元；本月购入甲材料 140 千克，单位成本 1 000 元；本期领用甲材料 90 千克。期末经实地盘点，查明甲材料实存 145 千克。

要求：分别计算永续盘存制和实地盘存制下领用和结存甲材料的成本。

解析：在永续盘存制下：

领用甲材料的成本＝1 000×90＝90 000（元）

月末结存甲材料成本＝1 000×100＋1 000×140－90 000＝150 000（元）

在实地盘存制下：

月末结存甲材料成本＝1 000×145＝145 000（元）

领用甲材料成本＝1 000×100＋1 000×140－1 000×145＝95 000（元）

可见，在永续盘存制下，通过实地盘点可以查明实存金额 145 000 元和账存金额 150 000 元不符。因此，可以通过财产清查，确定财产物资实有数，并确定盘盈、盘亏数额。在实地盘存制下，本期发出金额是倒挤计算出来的，无法确定盘盈、盘亏，题中将盘亏金额 5 000 元作为本期领用数计算确认，可见实地盘存制下所确定的本期耗用量不一定符合实际情况，除正常耗用量外可能还包括毁损和丢失的部分，同时平时在账面上不能反映出各项财产物资的减少数和结存数，难以加强对财产物资管理。因此，在会计核算中大部分财产物资均应采用永续盘存制，非特殊原因一般不宜采用实地盘存制。

2. 实物财产的清查方法

不同品种的实物财产，由于其实物形态、体积、重量、堆放方式等方面各有不同，因而清查采用的方法也有所不同。常用的有以下几种：

（1）实地盘点法。实地盘点法是指在财产物资存放现场逐一清点数量或用计量仪器确定其实存数的一种方法。它主要是指通过点数、过磅、量尺等方法来确定实物财产的实有数额。这种方法适用范围广，大部分财产物资均采用这种方法。该方法数字准确可靠，但工作量较大。

（2）技术推算法。技术推算法是指利用技术方法（量方、计尺等）推算财产物资实存数的方法。这种方法一般适用于散装的、大量成堆的砂石、煤炭、化肥、饲料等大宗物资的清查。其工作量小，但不够准确。

（3）抽样盘存法。抽样盘存法是指对于数量多、重量均匀的实物财产，采用抽样盘点的方法，确定财产的实有数额。

（4）函证核对法。函证核对法是指对于委托外单位加工或保管的物资，采用向对方单位发函核对，并与本单位的账存数相核对的方法。

3. 实物财产清查使用的凭证

为了明确经济责任，进行财产清查时，有关实物财产的保管人员必须在场，并参加盘点工作。对各项实物财产的盘点结果，应如实准确地登记在盘存单上，并由有关参加盘点人员同时签章生效。盘存单是实物财产盘点结果的书面证明，也是反映实物财产实有数额的原始凭证。盘存单的格式如凭证 5-3 所示。

凭证 5-3

盘 存 单

年 月 日

名称	规格型号	计量单位	盘存数量	完工程度	备注

盘点人: 实物保管:

为了查明实存数与账存数是否一致，应根据盘存单和有关账簿记录，填制实存账存对比表，以确定实物财产的盘盈数或盘亏数。实存账存对比表是财产清查的重要资料，也是月末调整账面记录的原始凭证，同时是分析盈亏原因，明确经济责任的重要依据。实存账存对比表的格式如凭证 5-4 所示。

凭证 5-4

实存账存对比表

单位名称: 年 月 日 单位:

存货编号	名称	单位	单价	实存		账存		盘亏		盘盈		原因
				数量	金额	数量	金额	数量	金额	数量	金额	

单位负责人: 会计主管: 盘点人:

三、往来款项的清查

往来款项的清查一般采用发函询证的方法进行核对。对各种应收、应付款的清查，应采取询证核对法，即与对方核对账目的方法。清查单位应在其各种往来款项记录准确的基础上，编制往来款项对账单，寄发或派人送交对方单位，与债务人或债权人进行核对。往来款项对账单的格式如凭证5-5和凭证5-6所示。

凭证5-5

往来款项对账单（第一款）

账户名称：　　　　　　　　　　　　　年　　月　　日

业务序号	金额	发生日期	核对情况		备注
			相符情况	不符情况	
合计					

凭证5-6

往来款项对账单（第二款）

__________单位：

你单位20××年×月×日购入我单位×产品××件，已付货款×××元，尚有×××元货款未付，请核对后将回单联寄回。

核查单位：（盖章）

20××年×月×日

沿此虚线裁开，将以下回单联寄回！

……………………………………………………………………

往来款项对账单（回联）

核查单位：

你单位寄来的往来款项对账单已经收到，经核对相符无误（或不符，应注明具体内容）。

××单位（盖章）

20××年×月×日

在核对过程中，如发现未达账项，双方都应采用调节余额的办法，核对是否相符。对往来款项的清查，应根据清查结果编制往来款项清查报告表。对于拖欠款项情况，还应查明有无双方发生争议的款项及没有收回希望的款项，以便及时采取措施加以处理，避免或减少坏账损失。往来款项清查报告表格式如凭证5-7所示。

凭证 5-7

往来款项清查报告表

明细分类账户		清查结果		核对不符原因分析			备注
名称	账面金额	核对相符金额	核对不符金额	未达账项金额	有争议款项金额	其他	

清查人员：（签章） 记账人员：（签章）

第三节 财产清查结果的处理

一、财产清查结果的处理要求

财产清查的结果有三种情况：一是账存数与实存数相符；二是账存数大于实存数，财产物资发生盘亏；三是账存数小于实存数，财产物资发生盘盈。财产清查结果的处理要求包括以下几个方面。

1. 分析产生差异的原因和性质，提出处理建议

在财产清查中，如果发现盘点数与账簿记录不相符，如财产物资盘盈、盘亏或各种损失等，都要认真查明其性质和产生原因，明确责任，按规定程序报请领导处理。

2. 积极处理多余积压财产，清理往来款项

在清查过程中发现的多余和不需要的物资，应当订出计划，报请批准后，积极做出妥善的处理；对于长期拖欠不清的债权、债务及发生争执的债权、债务，都应当指定专人限期做好清理工作。

3. 总结经验教训，建立健全各项管理制度

发现财产物资管理中的问题，对有关问题做出认真、严肃的处理，并从长远的观点出发，认真总结经验教训，切实提出改进工作的措施，建立和健全规章制度，加强财产管理的责任制，逐步提高财产管理水平，这也是财产清查的任务之一。

4. 及时调整账簿记录，保证账实相符

财产清查发现的差异及对差异的处理，都应当在账簿上予以反映，必须通过对账簿记录的调整，做到账实相符。

二、财产清查结果的处理步骤

1. 审批之前的处理

根据实存账存对比表、现金盘点报告表等已经查实的数据资料，填制记账凭证，记入有关账簿，使账簿记录与实际盘存数相符，同时根据权限，将处理意见报股东大会或董事会，或经理（厂长）会议或类似机构批准。

2. 审批之后的处理

企业清查的各种财产的损溢，应于期末前查明原因，并根据企业的管理权限，经股东大会或董事会，或经理（厂长）会议或类似机构批准后，在期末结账前处理完毕。企业清查的各种财产的损溢，如果在期末结账前尚未经批准，在对外提供财务报表时，先按上述规定进行处理，并在附注中做出说明；其后批准处理的金额与已处理金额不一致的，调整财务报表相关项目的年初数。

三、财产清查结果的账务处理

1. 设置"待处理财产损溢"账户

为了反映和监督企业在财产清查中财产物资的盘盈、盘亏和毁损及其处理情况，需要设置"待处理财产损溢"账户（固定资产的盘盈不通过该账户）。该账户属于资产类账户，借方登记财产物资的盘亏数、毁损数和批准转销的财产物资盘盈数；贷方登记财产物资的盘盈数和批准转销的财产物资盘亏及毁损数。企业清查的各种财产的盘盈、盘亏和毁损应在期末结账前处理完毕，所以"待处理财产损溢"账户的期末结账后没有余额。具体账户结构如下：

借方　　　　待处理财产损溢	贷方
① 发生的待处理财产盘亏和毁损数 ② 结转已批准处理财产盘盈数	① 发生的待处理财产盘盈数 ② 转销已批准处理的财产盘亏和毁损数

该账户月末结转后无余额，设"待处理流动资产损溢"和"待处理固定资产损溢"两个明细账户。

2. 货币资金清查结果的处理

1）库存现金清查结果的处理

库存现金盘盈时，应及时办理库存现金的入账手续，调整库存现金账簿记录，即按盘盈的金额借记"库存现金"账户，贷记"待处理财产损溢——待处理流动资产损溢"账户。查明原因并按管理权限报经批准后，按盘盈的金额借记"待处理财产损溢——待处理流动资产损溢”账户，按需要支付或退还他人的金额贷记“其他应付款”账户，按无法查明原因的金额贷记“营业外收入”账户。

库存现金盘亏时，应及时办理盘亏的确认手续，调整库存现金账簿记录，即按盘亏的金额借记“待处理财产损溢——待处理流动资产损溢”账户，贷记“库存现金”账户。查明原因并按管理权限报经批准后，按可收回的保险赔偿和过失人赔偿的金额借记“其他应收款”账户，按管理不善等原因造成净损失的金额借记“管理费用”账户，按自然灾害等原因造成净损失的金额借记“营业外支出”账户，按原记入“待处理财产损溢——待处理流动资产损溢”账户借方的金额贷记本账户。

【例 5-3】青海堂股份有限公司在财产清查中发现库存现金短款 144 元，经查是由于出纳李巧的失误造成的，由其赔偿所短款额。

要求：进行批准前和批准后的处理。

解析：批准前：

借：待处理财产损溢——待处理流动资产损溢　144

　　贷：库存现金　144

批准后：

借：其他应收款——李巧　144

　　贷：待处理财产损溢——待处理流动资产损溢　144

【例 5-4】大洋股份有限公司在财产清查时发现库存现金长款 240 元，无法查明原因。

要求：进行批准前和批准后的处理。

解析：批准前：

借：库存现金　240

　　贷：待处理财产损溢——待处理流动资产损溢　240

批准后：

借：待处理财产损溢——待处理流动资产损溢　240

　　贷：营业外收入　240

【例 5-5】祥云公司在财产清查时发现库存现金短款 440 元，经反复查对，原因不明。

要求：进行批准前和批准后的处理。

解析：批准前：

借：待处理财产损溢——待处理流动资产损溢　440

　　贷：库存现金　440

批准后：

借：管理费用　440

　　贷：待处理财产损溢——待处理流动资产损溢　440

【例 5-6】大为企业在清点库存现金时，发现现金长款 108 元，原因待查。

要求：编制会计分录。

解析：原因查明前的会计分录如下：

借：库存现金　108

　　贷：待处理财产损溢——待处理流动资产损溢　108

上项库存现金溢余原因已经查明，有 18 元属于应付给员工李丽的款项，应转作其他应付款；其余 90 元原因不明，经批准转作营业外收入。编制会计分录如下。

借：待处理财产损溢——待处理流动资产损溢　108

　　贷：其他应付款——李丽　18

　　　　营业外收入　90

2）银行存款清查结果的处理

银行存款余额调节表左右两方的金额相等，说明该公司的银行存款日记账记账过程基本正确，同时还说明企业可动用的银行存款实有数就是调节后的余额。如果调节后的余额不等，说明企业或银行双方登记的账目可能有一方出现差错，应及时进一步查明原因，采取相应的方法进行更正。

这里需要注意的是对于未达账项的处理。对于未达账项，应该在实际收到有关的收、付款结算凭证后再进行相关的账务处理。

3. 实物财产清查结果的处理

企业的实物财产主要包括存货和固定资产两部分。企业在财产清查过程中发现的实物财产盘盈、盘亏，报经批准前应先通过“待处理财产损溢”账户核算（固定资产盘盈除外）。

1）存货清查结果的处理

存货盘盈时，应及时办理存货入账手续，调整存货账簿的实存数。盘盈的存货应按其同类或类似存货的市场价格作为入账价值借记“原材料”“库存商品”等账户，贷记“待处理财产损溢——待处理流动资产损溢”账户。查明原因并按管理权限报经批准后，冲减管理费用，即按其入账价值，借记“待处理财产损溢——待处理流动资产损溢”账户，贷记“管理费用”账户。

存货盘亏时，应按盘亏的金额借记“待处理财产损溢——待处理流动资产损溢”账户，贷记“原材料”“库存商品”等账户。查明原因并按管理权限报经批准后，按残料价值，借记“原材料”账户；按可收回的保险赔偿和过失人赔偿的金额借记“其他应收款”账户；按管理不善等原因造成净损失的金额借记“管理费用”账户；按自然灾害等原因造成净损失的金额借记“营业外支出”账户；按原记入“待处理财产损溢——待处理流动资产损溢”账户借方的金额贷记“待处理财产损溢——待处理流动资产损溢”账户（为简化起见，这里不考虑增值税问题）。

【例 5-7】青海堂股份有限公司在财产清查过程中发现盘亏材料 2 000 元（属于责任者失职造成），盘亏库存商品 6 200 元（属于收发计量不准确造成）。

要求：进行批准前和批准后的会计处理。

解析：批准前：

借：待处理财产损溢——待处理流动资产损溢 8 200

贷：原材料 2 000

库存商品 6 200

批准后：

借：管理费用 6 200

其他应收款 2 000

贷：待处理财产损溢——待处理流动资产损溢 8 200

【例 5-8】祥云股份有限公司在财产清查过程中发现一批账外原材料 680 千克，结合同类原材料的单位成本确定其总成本为 8 500 元。

要求：进行批准前和批准后的会计处理。

解析：批准前：

借：原材料 8 500

贷：待处理财产损溢——待处理流动资产损溢 8 500

批准后：

借：待处理财产损溢——待处理流动资产损溢 8 500

贷：管理费用 8 500

2）固定资产清查结果的处理

发现盘亏固定资产，同样通过“待处理财产损溢”账户进行核算。对于盘盈的固定资产，作为前期差错处理，通过“以前年度损益调整”账户进行核算。本章对于盘盈的固定资产的处理，不做具体介绍。

固定资产盘亏时，应及时办理固定资产注销手续，按盘亏固定资产的账面价值，借记“待处理财产损溢——待处理固定资产损溢”账户；按已提折旧额，借记“累计折旧”账户，按其原价，贷记“固定资产”账户。涉及增值税和递延所得税的，还应按相关规定处理（本书不考虑）。按管理权限报经批准后，按过失人及保险公司应赔偿额，借记“其他应收款”账户；按盘亏固定资产的原价扣除累计折旧和过失人及保险公司赔偿后的差额，借记“营业外支出”账户；按盘亏固定资产的账面价值，贷记“待处理财产损溢——待处理固定资产损溢”账户。

【例 5-9】大为公司在财产清查中，发现短缺设备一台，其账面原价 68 000 元，已提折旧 42 000 元。

要求：进行批准前和批准后的会计处理。

解析：批准前：

借：待处理财产损溢——待处理固定资产损溢 26 000

累计折旧 42 000

贷：固定资产 68 000

批准后：

借：营业外支出　　26 000

　　贷：待处理财产损溢——待处理固定资产损溢　　26 000

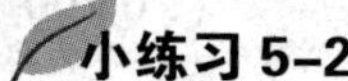

小练习 5–2

某企业 2016 年年终进行财产清查，在清查中发现下列事项。

原材料的账面资料和清查资料（盘存单）分别如凭证 5-8 和凭证 5-9 所示。

凭证 5-8

原材料账面资料

材料规格、名称	单位	单价	结余（12 月 31 日）	
			数量	金额
甲材料	千克	30	1 200	36 000
乙材料	千克	25	800	20 000
丙材料	吨	9 000	20	180 000
丁材料	千克	20	2 700	54 000

凭证 5-9

盘　存　单

财产类别：原材料

存放地点：3 号库　　盘点时间：12 月 31 日　　编号：105423

材料名称	单位	数量	单价	金额	备注
甲材料	千克	1 120	30	33 600	定额损耗 30 千克，收发计量的差错 50 千克
乙材料	千克	780	25	19 500	保管人员失职造成短缺
丙材料	吨	19	9 000	171 000	收发计量上的差错
丁材料	千克	2 750	20	55 000	无法查明原因

盘点人签章：张三　　实物保管人签章：李四

上列盘盈、盘亏和损失，经查原因属实，报请有关部门审核批准，做出如下处理：

（1）材料定额内损耗，作为管理费用处理。

（2）材料收发计量上的差错，列入管理费用处理。

（3）管理人员失职造成的材料短缺，责成过失人赔偿。

（4）无法查明原因的丁材料盘盈，经批准备冲减管理费用。

要求：（1）编制实存账存对比表（凭证 5-10）。

（2）将上列清查结果做审批前的会计分录。

（3）根据报请批准处理的结果，做审批后的会计分录。

凭证 5-10

实存账存对比表

单位名称： 年 月 号 单位：

<table>
<tr><th rowspan="2">存货编号</th><th rowspan="2">名称</th><th rowspan="2">单位</th><th rowspan="2">单价</th><th colspan="2">实存</th><th colspan="2">账存</th><th colspan="2">盘亏</th><th colspan="2">盘盈</th><th rowspan="2">原因</th></tr>
<tr><th>数量</th><th>金额</th><th>数量</th><th>金额</th><th>数量</th><th>金额</th><th>数量</th><th>金额</th></tr>
<tr><td></td><td>甲材料</td><td></td><td></td><td></td><td></td><td></td><td></td><td></td><td></td><td></td><td></td><td rowspan="5">原因待查</td></tr>
<tr><td></td><td>乙材料</td><td></td><td></td><td></td><td></td><td></td><td></td><td></td><td></td><td></td><td></td></tr>
<tr><td></td><td>丙材料</td><td></td><td></td><td></td><td></td><td></td><td></td><td></td><td></td><td></td><td></td></tr>
<tr><td></td><td>丁材料</td><td></td><td></td><td></td><td></td><td></td><td></td><td></td><td></td><td></td><td></td></tr>
<tr><td></td><td></td><td></td><td></td><td></td><td></td><td></td><td></td><td></td><td></td><td></td><td></td></tr>
</table>

单位负责人： 会计主管： 盘点人：

小练习 5-3

某公司 2017 年在财产清查时，发现盘亏乙材料 30 000 元，经查明，属于定额内合理的损耗共计 5 000 元；属于由过失责任人赔偿共计 1 200 元；其余的属于自然灾害造成的损失，由保险公司赔偿 16 000 元，尚未收款（暂不考虑增值税）。

要求：对该公司乙材料的盘亏进行批准前和批准后的账务处理。

小练习 5-4

某公司 2017 年在财产清查中，发现盘亏机器设备一台，账面原值为 63 000 元，已提折旧额为 48 000 元。

要求：对该企业盘亏的固定资产进行批准前和批准后的账务处理。

练 习 题

一、单项选择题

1. 一般说来，单位撤销、合并或改变隶属关系时，需要进行（ ）。

   A. 全面清查　B. 局部清查　C. 实地盘点清查　D. 技术推算清查

2. 实物财产的清查方法不包括（ ）。

   A. 抽样盘存法　B. 实地盘点法　C. 技术推算法　D. 补充登记法

3. 财产清查时，应将财产盘点结果登记在（ ）上。

   A. 盘存单　B. 实存账存对比表

   C. 银行对账单　D. 科目汇总表

4．下列凭证中，可以作为调整账面记录原始凭证的是（　　）。

A．盘存单　　B．实存账存对比表

C．银行对账单　　D．科目汇总表

5．财产清查后，发现资产的实存数大于账存数，称为（　　）。

A．资产盘亏　　B．资产盘盈　　C．资产账实相符　　D．资产毁损

6．应在现金盘点报告表上签章的人员是（　　）。

A．经理和出纳　　B．会计和出纳

C．会计和盘点人员　　D．盘点人员和出纳

7．下列说法错误的是（　　）。

A．库存现金每日清查　　B．银行存款每月核对

C．贵重物资每月盘点　　D．债权债务每日核对

8．在财产清查中填制的实存账存对比表是（　　）。

A．调整账面记录的原始凭证　　B．调整账面记录的记账凭证

C．登记总分类账的直接依据　　D．登记日记账的直接依据

9．对于发生自然灾害或意外损失的财产物资进行财产清查，通常属于（　　）。

A．定期清查　　B．不定期清查　　C．集中清查　　D．分散清查

10．未达账项是指由于会计凭证传递时间引起的企业和银行（　　）。

A．双方登记金额不一致的账项

B．一方重复记账的账项

C．一方已经入账，而另一方尚未入账的账项

D．双方均尚未入账的账项

二、多项选择题

1．下列情况属于未达账项的有（　　）。

A．银行已收企业未收的款项　　B．银行已付企业未付的款项

C．企业与银行均未收的款项　　D．企业与银行均未付的款项

2．下列属于财产清查内容的有（　　）。

A．固定资产　　B．存货　　C．应收账款　　D．应付账款

3．实物财产的清查是指对（　　）的清查。

A．原材料　　B．在产品　　C．产成品　　D．固定资产

4．财产物资账实不符的原因有（　　）。

A．保管过程中发生自然损耗　　B．管理不善造成的财产损失

C．自然灾害造成的非常损失　　D．收发财产时计量不准造成的差错

5．永续盘存制和实地盘存制的区别有（　　）。

A．对各种财产物资在账簿中的记录方法不同

B．对各种财产物资进行实地盘点的目的不同

C．适用范围不同

D．适用范围相同

6．“待处理财产损溢”账户贷方登记的内容有（　　）。

A．财产盘亏发生数　　B．财产盘盈发生数

C．财产盘亏转销数　　D．财产盘盈转销数

7．计算银行存款日记账调节后的余额时，应考虑的未达账项有（　　）。

A．银行已收企业未收款　　B．银行已付企业未付款

C．企业已收银行未收款　　D．企业已付银行未付款

8．财产物资盘亏后，查明原因处理时可能借记的账户有（　　）。

A．“管理费用”账户　　B．“其他应收款”账户

C．“营业外收入”账户　　D．“营业外支出”账户

9．下列属于需要调整企业余额的未达账项的有（　　）。

A．企业已收款入账，银行尚未收款入账

B．企业已付款入账，银行尚未付款入账

C．银行已收款入账，企业尚未收款入账

D．银行已付款入账，企业尚未付款入账

10．下列有关企业进行库存现金盘点清查时的做法，正确的是（　　）。

A．库存现金的清查方法采用实地盘点法

B．在盘点库存现金时，出纳人员必须在场

C．经领导批准，借条、收据可以抵充现金

D．现金盘点报告表需由盘点人员和出纳人员共同签章方能生效

三、判断题

1．财产物资的盘存制度有永续盘存制和账面盘存制。（　　）

2．采用实地盘存制能随时反映库存财产物资的账面结存数量和金额。（　　）

3．在永续盘存制下，平时账簿上只登记财产物资的增加数，不登记减少数。（　　）

4．在永续盘存制下，财产物资的账面结存成本与实际库存成本一定相等。（　　）

5．企业对应收款、应付款的清查，应采用与对方单位核对账目的方法。（　　）

6．企业对财产物资库存的核算方法，一般采用永续盘存制。（　　）

7．“待处理财产损溢”账户的借方余额，表示已经批准处理的财产物资净损失。（　　）

8．对大量成堆难以逐一清点的财产物资进行清查的方法是技术推算法。（　　）

9．实存账存对比表是调整账簿记录的重要原始凭证。（ ）

10．对于银行已入账而企业尚未入账的未达账项，企业应根据银行存款余额调节表进行账务处理。（ ）

四、实务题

1．春和企业2017年10月末的银行存款日记账余额为500 000元，而银行对账单余额为650 000元。经核对，存在下列未达账项：

（1）银行于10月31日计提企业存款利息12 000元，企业尚未收到通知，未入账。

（2）企业于10月25日开出转账支票支付购货款145 000元，企业已入账，而收款单位尚未到银行办理入账手续。

（3）企业于10月30日收到转账支票一张，金额为7 000元，企业已入账，银行未入账。

要求：计算2017年10月31日，该企业可动用的银行存款实际金额。

2．蓝湖公司2017年9月底清查银行存款，企业银行存款账面记录如下：

（1）23日，存入销售货款转账支票18 000元。

（2）24日，开出支票，号码1024，支付委托外单位加工费3 400元。

（3）25日，开出支票，号码1025，支付购入材料价款12 524元。

（4）29日，存入销售货款所收转账支票1 120元。

（5）29日，开出支票，号码1026，支付购料运输费270元。

（6）30日，开出支票，号码1027，支付购燃料费7 800元。

（7）30日，银行存款结存余额20 540元。

银行对账单记录如下：

（1）24日，销货转账收入18 000元。

（2）26日，代交应付电费2 800元。

（3）27日，支票，号码1024，支付加工费3 400元。

（4）28日，支票，号码1025，支付材料款12 524元。

（5）29日，存款利息收入828元。

（6）30日，支票，号码1027，支付燃料费7 800元。

（7）30日，结存余额17 718元。

要求：（1）查明银行存款账面记录与银行对账单不符的原因。

（2）根据未达账项编制银行存款余额调节表，并确定企业月末实际可以动用的银行存款数额。

3．含光公司财产清查中发现下列事项，分别做出发生时和批准后转销的会计分录。

（1）盘盈甲材料20千克，单价30元，计600元。查明为收发计量差错，经批准转销。

（2）库存现金清查实存数为1 930元，现金日记账账面余额为1 910元。经批准转作营业外收入。

（3）清查中发现短缺设备一台，其账面原价 18 500 元，已提折旧 16 000 元。经批准转作营业外支出。

（4）盘亏丙材料 30 千克，单价 15 元，计 450 元。查明为收发计量造成短少，经批准转销。

（5）库存现金清查盘点发现短缺 105 元，经批准由出纳人员负责赔偿。

（6）A 材料账面结存 50 个，单位成本 12 元，盘点实存 30 个。查明短缺 20 个为非常损失，经批准转销。

（7）月末进行财产清查，发现短缺设备一台，其账面原价 5 700 元，已提折旧 4 100 元，原因待查。

第六章 账务处理程序

学习目标

● 知识目标

1. 了解账务处理程序的概念和意义。
2. 掌握记账凭证账务处理程序的内容。
3. 掌握科目汇总表账务处理程序的内容。

● 技能目标

1. 能根据不同账务处理程序的要求登记总账。
2. 能正确编制科目汇总表。

第一节 账务处理程序概述

一、账务处理程序的概念

账务处理程序，也称会计循环、会计核算组织程序或会计核算形式，是指会计凭证、会计账簿、会计报表相结合的方式，包括账簿组织和记账程序。

账簿组织是指会计凭证和账簿的种类、格式，会计凭证与账簿之间的相互关系。记账程序是指会计凭证的整理、传递，会计账簿的登记，以及根据会计账簿编制会计报表的程序和方法。把不同的会计凭证组织、账簿组织按不同的记账程序和方法结合在一起，就形成了不同的账务处理程序。

二、账务处理程序的意义

科学合理地选择适用于本单位的账务处理程序的意义主要有：

（1）有利于规范会计工作，保证会计信息加工过程的严密性，提高会计信息质量。

（2）有利于保证会计记录的完整性和正确性，增强会计信息的可靠性。

（3）有利于减少不必要的会计核算环节，提高会计工作效率，保证会计信息的及时性。

企业常用账务处理程序主要有记账凭证账务处理程序、科目汇总表账务处理程序和汇总记账凭证账务处理程序。它们之间的主要区别在于登记总分类账的依据和方法不同。本书主要介绍记账凭证账务处理程序和科目汇总表账务处理程序。

第二节　记账凭证账务处理程序

一、记账凭证账务处理程序的特点

记账凭证账务处理程序是指对发生的经济业务事项，都要根据原始凭证或汇总原始凭证编制记账凭证，然后直接根据记账凭证逐笔登记总分类账的一种账务处理程序，是最基本的账务处理程序。直接根据记账凭证逐笔登记总分类账是它的主要特点。

二、记账凭证账务处理程序的记账程序

记账凭证账务处理程序如图 6-1 所示。

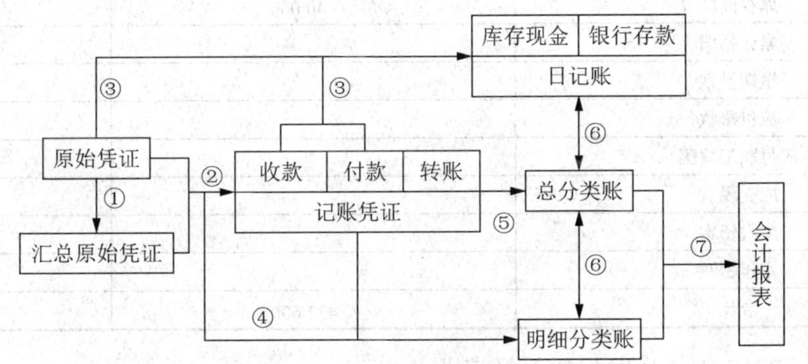

图 6-1　记账凭证账务处理程序

→表示填制、登记或制表；↔表示核对

① 根据原始凭证编制汇总原始凭证。

② 根据原始凭证或汇总原始凭证编制记账凭证。

③ 根据收款凭证、付款凭证及所附原始凭证逐笔登记现金日记账和银行存款日记账。

④ 根据原始凭证、汇总原始凭证和记账凭证登记各种明细分类账。

⑤ 根据记账凭证逐笔登记总分类账。

⑥ 期末，现金日记账、银行存款日记账和各明细分类账的余额分别与有关总分类账的余额核对相符。

⑦ 期末，根据总分类账和明细分类账的记录，编制会计报表。

三、记账凭证账务处理程序的优缺点和适用范围

（1）优点：简单明了，易于理解，操作简便；总分类账可以较详细地反映经济业务的

发生情况。

（2）缺点：登记总分类账的工作量较大。

（3）适用范围：适用于规模较小、经济业务量较少的单位。

【例 6-1】湖南大华工厂是增值税一般纳税企业，2017 年 4 月各总分类账账户期初余额如表 6-1 所示。

表 6-1 账户余额表

单位：元

账户名称	借方金额	贷方金额
库存现金	3 800	
银行存款	25 000	
应收账款	98 800	
原材料	45 000	
固定资产	220 000	
库存商品	40 000	
累计折旧		38 000
短期借款		50 000
应付账款		38 000
应付职工薪酬		800
应交税费		17 800
实收资本		200 000
本年利润		88 000
合计	432 600	432 600

大华工厂 2017 年 4 月发生如下经济业务：

（1）2 日，收到三星工厂归还的前欠货款 58 800 元存入银行。

（2）3 日，仓库发出材料 5 000 元用于生产产品。

（3）7 日，购进材料价款 20 000 元，增值税税额为 3 400 元，全部款项用银行存款支付，材料验收入库。

（4）10 日，用银行存款交纳税费 7 800 元。

（5）11 日，用银行存款偿还前欠大明工厂货款 28 000 元。

（6）13 日，购入办公用品 800 元，现金支付。

（7）14 日，销售产品价款 27 000 元，增值税税额为 4 590 元，款项收到存入银行。

（8）15 日，从银行借入 3 个月期的借款 100 000 元存入银行。

（9）17 日，接受甲投资者投入的设备一台，价值 50 000 元（假设不考虑增值税）；接受乙投资者投入的货币资金 50 000 元已存入银行。

（10）18 日，购进材料价款 5 000 元，增值税税额为 850 元，价税款均未支付，材料已验收入库。

（11）20 日，购入设备一台，价值 30 000 元，增值税税额为 5 100 元，全部款项已经支付。

（12）22 日，销售产品价款 10 000 元，增值税税额为 1 700 元，收到 6 000 元存入银行，其余款项暂未收到。

（13）25 日，以银行存款偿还短期借款 20 000 元。

（14）28 日，计提本月固定资产折旧，车间用固定资产应提折旧 1 880 元，厂部用固定资产应提折旧 1 200 元。

（15）30 日，结转本月销售产品成本共计 20 000 元。

（16）30 日，将本月损益类账户（管理费用、主营业务收入、主营业务成本）结转至"本年利润"账户。

要求：（1）根据上述经济业务编制记账凭证（用会计分录代替）。

（2）根据记账凭证登记总分类账（以银行存款、应收账款、应交税费账户为例）。

解析：（1）编制会计分录如下：

记字 1#：

借：银行存款　　58 800

　　贷：应收账款　　58 800

记字 2#：

借：生产成本　　5 000

　　贷：原材料　　5 000

记字 3#：

借：原材料　　20 000

　　应交税费——应交增值税（进项税额）　　3 400

　　贷：银行存款　　23 400

记字 4#：

借：应交税费　　7 800

　　贷：银行存款　　7 800

记字 5#：

借：应付账款——大明工厂　　28 000

　　贷：银行存款　　28 000

记字 6#：

借：管理费用　　800

　　贷：库存现金　　800

记字 7#：

借：银行存款　　31 590

　　贷：主营业务收入　　27 000

　　　　应交税费——应交增值税（销项税额）　　4 590

记字 8#:

借：银行存款 100 000

贷：短期借款 100 000

记字 9#:

借：固定资产 50 000

银行存款 50 000

贷：实收资本 100 000

记字 10#:

借：原材料 5 000

应交税费——应交增值税（进项税额） 850

贷：应付账款 5 850

记字 11#:

借：固定资产 30 000

应交税费——应交增值税（进项税额） 5 100

贷：银行存款 35 100

记字 12#:

借：银行存款 6 000

应收账款 5 700

贷：主营业务收入 10 000

应交税费——应交增值税（销项税额） 1 700

记字 13#:

借：短期借款 20 000

贷：银行存款 20 000

记字 14#:

借：制造费用 1 880

管理费用 1 200

贷：累计折旧 3 080

记字 15#:

借：主营业务成本 20 000

贷：库存商品 20 000

记字 16#:

借：主营业务收入 37 000

贷：本年利润 37 000

记字 17#:

借：本年利润　　22 000

　　贷：主营业务成本　　20 000

　　　　管理费用　　2 000

（2）根据记账凭证登记总分类账（以银行存款、应收账款、应交税费账户为例），如表 6-2～表 6-4 所示。

表 6-2　总分类账

科目名称　银行存款

2017 年		凭证编号	摘要	借方											贷方											借或贷	余额										
月	日			亿	千	百	十	万	千	百	十	元	角	分	亿	千	百	十	万	千	百	十	元	角	分		亿	千	百	十	万	千	百	十	元	角	分
4	1		承前页																							借					2	5	0	0	0	0	0
4	2	记 1	收回货款					5	8	8	0	0	0	0												借					8	3	8	0	0	0	0
4	7	记 3	购买材料																2	3	4	0	0	0	0	借					6	0	4	0	0	0	0
4	10	记 4	支付税费																	7	8	0	0	0	0	借					5	2	6	0	0	0	0
4	11	记 5	偿还欠款																2	8	0	0	0	0	0	借					2	4	6	0	0	0	0
4	14	记 7	销售产品					3	1	5	9	0	0	0												借					5	6	1	9	0	0	0
4	15	记 8	借入款项				1	0	0	0	0	0	0	0												借				1	5	6	1	9	0	0	0
4	17	记 9	接受投资					5	0	0	0	0	0	0												借				2	0	6	1	9	0	0	0
4	20	记 11	购入设备																3	5	1	0	0	0	0	借				1	7	1	0	9	0	0	0
4	22	记 12	销售产品						6	0	0	0	0	0												借				1	7	7	0	9	0	0	0
4	25	记 13	偿还欠款																2	0	0	0	0	0	0	借				1	5	7	0	9	0	0	0
4	30		本月合计				2	4	6	3	9	0	0	0				1	1	4	3	0	0	0	0	借				1	5	7	0	9	0	0	0

表 6-3 “应收账款”总分类账

科目名称 应收账款

2017年		凭证编号	摘要	借方											贷方											借或贷	余额										
月	日			亿	千	百	十	万	千	百	十	元	角	分	亿	千	百	十	万	千	百	十	元	角	分		亿	千	百	十	万	千	百	十	元	角	分
4	1		承前页																							借					9	8	8	0	0	0	0
4	2	记 1	收回欠款																5	8	8	0	0	0	0	借					4	0	0	0	0	0	0
4	22	记 12	销售产品						5	7	0	0	0	0												借					4	5	7	0	0	0	0
4	30		本月合计						5	7	0	0	0	0					5	8	8	0	0	0	0	借					4	5	7	0	0	0	0

表 6-4 “应交税费”总分类账

科目名称 应交税费

2017年		凭证编号	摘要	借方											贷方											借或贷	余额										
月	日			亿	千	百	十	万	千	百	十	元	角	分	亿	千	百	十	万	千	百	十	元	角	分		亿	千	百	十	万	千	百	十	元	角	分
4	1		承前页																							贷					1	7	8	0	0	0	0
4	7	记 3	购买材料						3	4	0	0	0	0												贷					1	4	4	0	0	0	0
4	10	记 4	支付税费						7	8	0	0	0	0												贷						6	6	0	0	0	0
4	14	记 7	销售产品																							贷					1	1	1	9	0	0	0
4	18	记 10	购买材料							8	5	0	0	0						4	5	9	0	0	0	贷					1	0	3	4	0	0	0
4	20	记 11	购入设备						5	1	0	0	0	0												贷						5	2	4	0	0	0
4	22	记 12	销售产品																	1	7	0	0	0	0	贷						6	9	4	0	0	0
4	30		本月合计					1	7	1	5	0	0	0						6	2	9	0	0	0	贷						6	9	4	0	0	0

小练习 6-1

根据例 6-1 的业务，企业采用记账凭证账务处理程序。

要求：登记“原材料”“应付账款”的总分类账户，如表 6-5 和表 6-6 所示。

表 6-5　“原材料”总分类账

科目名称　原材料

年		凭证编号	摘要	借方											贷方											借或贷	余额										
月	日			亿	千	百	十	万	千	百	十	元	角	分	亿	千	百	十	万	千	百	十	元	角	分		亿	千	百	十	万	千	百	十	元	角	分

表 6-6　“应付账款”总分类账

科目名称　应付账款

年		凭证编号	摘要	借方											贷方											借或贷	余额										
月	日			亿	千	百	十	万	千	百	十	元	角	分	亿	千	百	十	万	千	百	十	元	角	分		亿	千	百	十	万	千	百	十	元	角	分

第三节　科目汇总表账务处理程序

一、科目汇总表账务处理程序的特点

科目汇总表账务处理程序又称记账凭证汇总表账务处理程序，是根据记账凭证定期编制科目汇总表，再根据科目汇总表登记总分类账的一种账务处理程序。其特点是定期编制科目汇总表，再根据科目汇总表登记总分类账。

二、科目汇总表账务处理程序的记账程序

科目汇总表账务处理程序如图6-2所示。

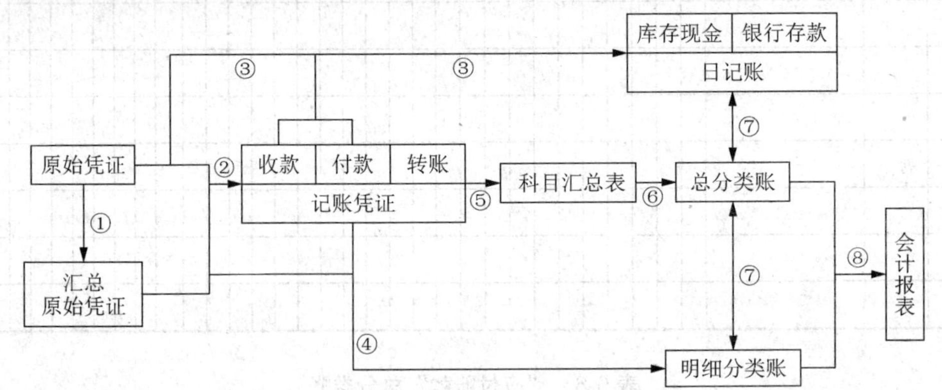

图6-2　科目汇总表账务处理程序

→表示填制、登记；↔表示核对

① 根据原始凭证编制汇总原始凭证。

② 根据原始凭证或汇总原始凭证编制记账凭证。

③ 根据收款凭证、付款凭证及所附原始凭证逐日逐笔登记现金日记账和银行存款日记账。

④ 根据原始凭证、汇总原始凭证和记账凭证，登记各种明细分类账。

⑤ 根据各种记账凭证编制科目汇总表。

⑥ 根据科目汇总表登记总分类账。

⑦ 期末，现金日记账、银行存款日记账和明细分类账的余额分别与有关总分类账的余额核对相符。

⑧ 期末，根据总分类账和明细分类账的记录，编制会计报表。

三、科目汇总表账务处理程序的优缺点和适用范围

（1）优点：①根据科目汇总表登记总分类账，大大减少登记总分类账的工作量；②可以利用科目汇总表进行发生额试算平衡。

（2）缺点：不能反映科目之间的对应关系，不利于分析和检查经济业务的来龙去脉，不便于查对账目。

（3）适用范围：适用于规模大、业务量多的单位。

【例 6-2】上述例 6-1 中的湖南大华工厂采用科目汇总表账务处理程序。

要求：编制大华工厂的科目汇总表（假定每 15 日汇总一次），并根据科目汇总表登记银行存款、应收账款、应交税费的总分类账。

解析：4 月 1～15 日的科目汇总表如凭证 6-1 所示。

凭证 6-1

科目汇总表

2017 年 4 月 1 日至 2017 年 4 月 15 日

编号：　1　附件共		
凭证号数	第　号至　号	
	第　号至　号	
	第　号至　号	

会计科目	总页	借方金额										贷方金额									
		千	百	十	万	千	百	十	元	角	分	千	百	十	万	千	百	十	元	角	分
银行存款				1	9	0	3	9	0	0	0				5	9	2	0	0	0	0
应收账款															5	8	8	0	0	0	0
生产成本						5	0	0	0	0	0										
原材料					2	0	0	0	0	0	0					5	0	0	0	0	0
应交税费					1	1	2	0	0	0	0					4	5	9	0	0	0
应付账款					2	8	0	0	0	0	0										
管理费用							8	0	0	0	0										
库存现金																	8	0	0	0	0
主营业务收入															2	7	0	0	0	0	0
短期借款														1	0	0	0	0	0	0	0
合计			¥	2	5	5	3	9	0	0	0		¥	2	5	5	3	9	0	0	0

会计主管：　　　　记账：　　　　复核：　　　　制表：张三立

4 月 16～30 日的科目汇总表如凭证 6-2 所示。

凭证 6-2

科目汇总表

2017 年 4 月 16 日至 2017 年 4 月 30 日

编号： 2	附件共	
凭证号数	第	号至 号
	第	号至 号
	第	号至 号

会计科目	总页	借方金额										贷方金额									
		千	百	十	万	千	百	十	元	角	分	千	百	十	万	千	百	十	元	角	分
固定资产					8	0	0	0	0	0	0										
银行存款					5	6	0	0	0	0	0				5	5	1	0	0	0	0
实收资本														1	0	0	0	0	0	0	0
原材料						5	0	0	0	0	0										
应交税费						5	9	5	0	0	0					1	7	0	0	0	0
应付账款																5	8	5	0	0	0
应收账款						5	7	0	0	0	0										
主营业务收入					3	7	0	0	0	0	0				1	0	0	0	0	0	0
短期借款					2	0	0	0	0	0	0										
制造费用						1	8	8	0	0	0										
管理费用						1	2	0	0	0	0					2	0	0	0	0	0
累计折旧																3	0	8	0	0	0
主营业务成本					2	0	0	0	0	0	0				2	0	0	0	0	0	0
库存商品															2	0	0	0	0	0	0
本年利润					2	2	0	0	0	0	0				3	7	0	0	0	0	0
合计			¥	2	5	4	7	3	0	0	0		¥	2	5	4	7	3	0	0	0

会计主管： 记账： 复核： 制表：张三立

根据科目汇总表登记总分类账（以银行存款、应收账款、应交税费账户为例），如表 6-7～表 6-9 所示。

表 6-7　“银行存款”总分类账

科目名称　银行存款

2017年		凭证编号	摘要	借方											贷方											借或贷	余额										
月	日			亿	千	百	十	万	千	百	十	元	角	分	亿	千	百	十	万	千	百	十	元	角	分		亿	千	百	十	万	千	百	十	元	角	分
4	1		承前页																							借					2	5	0	0	0	0	0
	15	科 1#	汇总 1～15 日凭证				1	9	0	3	9	0	0	0					5	9	2	0	0	0	0	借				1	5	6	1	9	0	0	0
	30	科 2#	汇总 16～30 日凭证					5	6	0	0	0	0	0					5	5	1	0	0	0	0	借				1	5	7	0	9	0	0	0
	30		本月合计			2	4	6	3	9	0	0	0	0				1	1	4	3	0	0	0	0	借				1	5	7	0	9	0	0	0

表 6-8　“应收账款”总分类账

科目名称　应收账款

2017年		凭证编号	摘要	借方											贷方											借或贷	余额										
月	日			亿	千	百	十	万	千	百	十	元	角	分	亿	千	百	十	万	千	百	十	元	角	分		亿	千	百	十	万	千	百	十	元	角	分
4	1		承前页																							借					9	8	8	0	0	0	0
	15	科 1#	汇总 1～15 日凭证																5	8	8	0	0	0	0	借					4	0	0	0	0	0	0
	30	科 2#	汇总 16～30 日凭证						7	5	0	0	0	0												借					4	5	7	0	0	0	0
	30		本月合计						7	5	0	0	0	0					5	8	8	0	0	0	0	借					4	5	7	0	0	0	0

表 6-9 “应交税费”总分类账

科目名称 应交税费

2017 年		凭证编号	摘要	借方											贷方											借或贷	余额										
月	日			亿	千	百	十	万	千	百	十	元	角	分	亿	千	百	十	万	千	百	十	元	角	分		亿	千	百	十	万	千	百	十	元	角	分
4	1		承前页																							贷					1	1	5	0	0	0	0
	15	科 1#	汇总 1～15 日凭证					1	1	2	0	0	0	0						4	5	9	0	0	0	贷					1	1	1	9	0	0	0
	30	科 2#	汇总 16～30 日凭证						5	9	5	0	0	0						1	7	0	0	0	0	贷						6	9	4	0	0	0
	30		本月合计					1	7	1	5	0	0	0						6	2	9	0	0	0	贷						6	9	4	0	0	0

小练习 6-2

根据例 6-1 的业务，编制 4 月份的科目汇总表，如凭证 6-3～凭证 6-5 所示（假定每 10 天汇总编制一次），并根据科目汇总表登记“原材料”“应付账款”的总分类账户，如表 6-10 和表 6-11 所示。

凭证 6-3

科目汇总表

年　　月　　日至　　年　　月　　日

编号：		附件共		
凭证号数	第	号至	号	
	第	号至	号	
	第	号至	号	

会计科目	总页	借方金额										贷方金额									
		千	百	十	万	千	百	十	元	角	分	千	百	十	万	千	百	十	元	角	分
合计																					

财务主管：　　　　记账：　　　　复核：　　　　制表：

凭证 6-4

科目汇总表

年　　月　　日至　　年　　月　　日

编号：	附件共		
凭证号数	第	号至	号
	第	号至	号
	第	号至	号

会计科目	总页	借方金额										贷方金额									
		千	百	十	万	千	百	十	元	角	分	千	百	十	万	千	百	十	元	角	分
合计																					

会计主管：　　　　记账：　　　　复核：　　　　制表：

凭证 6-5

科目汇总表

年　　月　　日至　　年　　月　　日

编号：	附件共		
凭证号数	第	号至	号
	第	号至	号
	第	号至	号

会计科目	总页	借方金额										贷方金额									
		千	百	十	万	千	百	十	元	角	分	千	百	十	万	千	百	十	元	角	分
合计																					

会计主管：　　　　记账：　　　　复核：　　　　制表：

表 6-10 “原材料”总分类账

科目名称 原材料

年		凭证	摘要	借方											贷方											借或贷	余额										
月	日	编号		亿	千	百	十	万	千	百	十	元	角	分	亿	千	百	十	万	千	百	十	元	角	分		亿	千	百	十	万	千	百	十	元	角	分

表 6-11　“应付账款”总分类账

科目名称　应付账款

年		凭证编号	摘要	借方											贷方											借或贷	余额										
月	日			亿	千	百	十	万	千	百	十	元	角	分	亿	千	百	十	万	千	百	十	元	角	分		亿	千	百	十	万	千	百	十	元	角	分

练 习 题

一、单项选择题

1．各种账务处理程序的主要区别，在于（　　）的依据和方法不同。

A．填制记账凭证　　B．登记总账

C．登记明细账　　D．编制会计报表

2．会计工作中最基本的账务处理程序，是（　　）账务处理程序。

A．记账凭证　　B．科目汇总表

C．汇总记账凭证　　D．原始凭证

3．汇总原始凭证是根据（　　）编制的。

A．记账凭证　　B．科目汇总表　　C．原始凭证　　D．转账凭证

4．科目汇总表是根据（　　）编制的。

A．记账凭证　　B．总分类账

C．原始凭证　　D．原始凭证汇总表

5．记账凭证账务处理程序下，总分类账采用的格式是（　　）。

A．三栏式　　B．多栏式　　C．数量金额式　　D．平行式

6．科目汇总表不反映科目的（　　）。

A．期初余额　　B．本期发生额

C．本期借方发生额　　D．本期贷方发生额

7．记账凭证账务处理程序和科目汇总表账务处理程序的不同点，是（　　）的依据不同。

A．填制记账凭证　　B．登记明细分类账

C．登记总分类账　　D．编制会计报表

8．科目汇总表账务处理程序登记总账的直接依据是（　　）。

A．各种记账凭证　　B．科目汇总表

C．汇总记账凭证　　D．多栏式日记账

二、多项选择题

1．记账凭证账务处理程序下，需要设置的账簿有（　　）。

A．现金日记账　　B．银行存款日记账

C．总分类账　　D．明细分类账

2．记账凭证账务处理程序和科目汇总表账务处理程序的共同点包括（　　）的依据

相同。

A．填制记账凭证　　B．登记明细分类账

C．登记总分类账　　D．编制会计报表

3．在不同的账务处理程序下，登记总分类账的依据可以是（　　）。

A．记账凭证　　B．科目汇总表　　C．原始凭证　　D．资产负债表

4．登记库存现金日记账的依据可以是（　　）。

A．收款凭证　　B．付款凭证　　C．转账凭证　　D．原始凭证

5．记账凭证账务处理程序下，应根据核对无误的（　　）中的有关数据，编制会计报表。

A．记账凭证　　B．科目汇总表　　C．总分类账　　D．明细分类账

6．在不同的账务处理程序下，编制记账凭证的依据可以是（　　）。

A．收款凭证　　B．付款凭证　　C．原始凭证　　D．汇总原始凭证

7．在不同的账务处理程序下，登记明细账的依据可以是（　　）。

A．原始凭证　　B．原始凭证汇总表

C．记账凭证　　D．汇总原始凭证

8．记账凭证账务处理程序一般适用于（　　）的企业单位。

A．经营规模较大　　B．经济业务较多

C．经营规模较小　　D．经济业务较少

三、判断题

1．记账凭证账务处理程序适用于规模大、经济业务较多的企业。（　　）

2．科目汇总表内的全部账户借方发生额合计数，必须与全部账户贷方发生额合计数相等。（　　）

3．记账凭证账务处理程序与汇总记账凭证账务处理程序的区别，是登记明细账的依据不同。（　　）

4．区分各种账务处理程序的主要标志在于编制会计报表的依据和方法不同。（　　）

5．定期编制科目汇总表是组织科目汇总表账务处理程序的关键。（　　）

6．科目汇总表账务处理程序的缺点是登记总分类账的工作量较大。（　　）

7．记账凭证可以登记明细账，但不能登记总账。（　　）

8．科目汇总表账务处理程序能科学地反映账户的对应关系，且便于账目核对。（　　）

9．在科目汇总表账务处理程序下，总分类账必须逐日逐笔登记。（　　）

10．记账凭证既可以用来登记总分类账，也可以用来编制科目汇总表。（　　）

四、综合实训题

1．琼湖企业 2017 年 4 月 1 日有关账户期初余额如表 6-12 所示。

表 6-12 期初余额表

单位：元

账户名称	借方余额	账户名称	贷方余额
库存现金	2 200	累计折旧	100 000
银行存款	74 296	短期借款	80 000
原材料	91 200	其他应付款	30 800
库存商品	65 000	应付职工薪酬	200 000
预付账款	100	应付利息	300
固定资产	800 000	长期借款	200 000
应交税费	15 504	实收资本	400 000
生产成本	62 800	盈余公积	100 000
合计	1 111 100	合计	1 111 100

2017 年 4 月份发生下列经济业务：

（1）1 日，收到投资者投入资金 120 000 元，存入银行。

（2）6 日，某单位投入企业全新运输汽车一辆，经投资各方确认价值为 200 000 元。

（3）8 日，企业向银行借入临时款项 20 000 元，期限为 3 个月。

（4）10 日，向天玺公司购入甲材料 5 000 千克，每千克 10 元；乙材料 1 000 千克，每千克 8 元；共计 58 000 元，增值税税率为 17%，计 9 860 元。材料已验收入库，货款以商业汇票付讫。

（5）11 日，以银行存款支付行政管理部门办公费、水电费 1 600 元。

（6）11 日，从银行提取现金 24 000 元，准备发放职工工资。

（7）12 日，以现金 24 000 元发放职工工资 24 000 元。

（8）14 日，开现金支票支付罚款 1 450 元。

（9）16 日，向天虹工厂销售 A 产品 100 台，每台售价 920 元，计 92 000 元，产品已发出，货款尚未收到，增值税税率为 17%。

（10）17 日，以银行存款交纳消费税 9 200 元。

（11）20 日，用银行存款归还临时借款 20 000 元。

（12）22 日，以现金支付销售部门业务费 300 元。

（13）25 日，按照规定的固定资产折旧率，计提本月固定资产折旧 12 000 元，其中车间固定资产折旧 7 000 元，行政管理部门固定资产折旧 5 000 元。

（14）28 日，在财产清查中，盘亏一台机器，原值 40 000 元，已提折旧 10 000 元，经批准予以转销。

（15）30 日，向步步高有限公司销售 A 产品 200 台，每台售价 920 元，计 184 000 元，增值税税率为 17%。产品已发出，货款尚未收到。

要求：（1）根据以上经济业务编制记账凭证（用会计分录代替）。

（2）采用记账凭证账务处理程序登记银行存款总分类账（表 6-13）和应收账款总分类账（表 6-14）。

表 6-13 “银行存款”总分类账

科目名称 银行存款

年		凭证编号	摘要	借方											贷方											借或贷	余额										
月	日			亿	千	百	十	万	千	百	十	元	角	分	亿	千	百	十	万	千	百	十	元	角	分		亿	千	百	十	万	千	百	十	元	角	分

表 6-14　“应收账款”总分类账

科目名称　应收账款

年		凭证编号	摘要	借方											贷方											借或贷	余额										
月	日			亿	千	百	十	万	千	百	十	元	角	分	亿	千	百	十	万	千	百	十	元	角	分		亿	千	百	十	万	千	百	十	元	角	分

2．假设琼湖企业采用科目汇总表账务处理程序，依据上述题①中的经济业务。

要求：（1）编制科目汇总表（全月编制一张），如凭证 6-6 所示。

（2）登记银行存款总分类账（表 6-15）和应收账款总分类账（表 6-16）。

凭证 6-6

科目汇总表

年　　月　　日至　　年　　月　　日

编号：	附件共
凭证号数	第　　号至　　号
	第　　号至　　号
	第　　号至　　号

会计科目	总页	借方金额										贷方金额									
		千	百	十	万	千	百	十	元	角	分	千	百	十	万	千	百	十	元	角	分
合计																					

财务主管：　　　　记账：　　　　复核：　　　　制表：

表 6-15 “银行存款”总分类账

科目名称 银行存款

年		凭证编号	摘要	借方											贷方											借或贷	余额										
月	日			亿	千	百	十	万	千	百	十	元	角	分	亿	千	百	十	万	千	百	十	元	角	分		亿	千	百	十	万	千	百	十	元	角	分

表 6-16 “应收账款”总分类账

科目名称 应收账款

年		凭证编号	摘要	借方											贷方											借或贷	余额										
月	日			亿	千	百	十	万	千	百	十	元	角	分	亿	千	百	十	万	千	百	十	元	角	分		亿	千	百	十	万	千	百	十	元	角	分

第七章　财务会计报告

学习目标

● 知识目标

1. 了解财务会计报告的概念和种类。
2. 熟悉资产负债表、利润表的概念与基本结构。
3. 掌握资产负债表、利润表编制的基本方法。

● 技能目标

1. 能编制资产负债表。
2. 能编制利润表。

第一节　财务会计报告概述

一、财务会计报告的概念

财务会计报告（简称财务报告）是指企业对外提供的反映企业某一特定日期的财务状况和某一会计期间的经营成果、现金流量等会计信息的文件，包括财务报表和其他应当在财务会计报告中披露的相关信息和资料。

二、财务会计报告的目标

财务会计报告的目标是向财务会计报告使用者提供与企业财务状况、经营成果和现金流量等有关的会计信息，反映企业管理层受托责任的履行情况，有助于财务会计报告使用者做出经济决策。

财务会计报告使用者包括投资者、债权人、政府及其有关部门和社会公众等。

三、财务会计报告的组成

财务报表是财务会计报告的核心内容，是对企业财务状况、经营成果和现金流量的结构性表述。一套完整的财务报表至少应当包括“四表一注”，即资产负债表、利润表、现金流量表、所有者权益（股东权益）变动表以及附注。

资产负债表、利润表和现金流量表分别从不同角度反映企业的财务状况、经营成果和现金流量。所有者权益变动表反映构成所有者权益的各组成部分当期的增减变动情况。附注是财务报表不可或缺的组成部分，是对在资产负债表、利润表、现金流量表和所有者权益变动表等报表中列示项目的进一步说明，以及对未能在这些报表中列示项目的说明等。

四、财务会计报告的分类

（1）财务会计报告按反映的经济内容不同，可以分为静态报表和动态报表。静态报表反映的是企业某一特定时点上的财务状况，如资产负债表；动态报表反映的是企业某一时期的经营成果或者现金流量，如利润表、现金流量表。

（2）财务会计报告按编报期间的不同，可以分为中期财务报表和年度财务报表。中期财务报表是以短于一个完整会计年度的报告期间为基础编制的财务报表，包括月报、季报和半年报等，中期财务报表至少应当包括资产负债表、利润表、现金流量表和附注。

（3）财务会计报告按服务的对象不同，可以分为内部报表和外部报表。企业对外报送的会计报表由报表封面、主表、附表组成。资产负债表和利润表属于外部报表。

第二节　资产负债表

资产负债表是指反映企业在某一特定日期（月末）的财务状况的报表。资产负债表可以反映企业在某一特定日期所拥有或控制的经济资源、所承担的现时义务和所有者对净资产的要求权，帮助财务报表使用者全面了解企业的财务状况、分析企业的偿债能力等，从而为其做出经济决策提供依据。

一、资产负债表的内容和结构

1. 资产负债表的内容

资产负债表主要反映资产、负债和所有者权益三个方面的内容。

1）资产

资产负债表中的资产应当按照流动资产和非流动资产两大类别分别列示。企业资产负债表中至少应当单独列示反映的资产项目有货币资金、以公允价值计量且其变动计入当期损益的金融资产、应收及预付账款、存货、一年内到期的非流动资产、长期股权投资、固定资产、在建工程、无形资产、长期待摊费用等。

2）负债

资产负债表中的负债应当按照流动负债和非流动负债分别列示。企业资产负债表中至少应当单独列示反映的负债项目有短期借款、以公允价值计量且其变动计入当期损益的金融负债、应付及预收款项、应付职工薪酬、应交税费、应付利息、一年内到期的非流动负债、长期借款、应付债券等。

3）所有者权益

资产负债表中的所有者权益一般按净资产的不同来源和特定用途进行分类。企业资产负债表中至少应当单独列示反映的所有者权益项目有实收资本（或股本）、资本公积、盈余公积、未分配利润等。

2. 资产负债表的结构

我国企业的资产负债表采用账户式结构。账户式资产负债表分左右两方，左方为资产项目，大体按资产的流动性大小排列，流动性大的资产如货币资金等排在前面，流动性小的资产如固定资产等排在后面。右方为负债及所有者权益项目，一般按要求清偿时间的先后顺序排列，如短期借款、应付账款等排在前面，长期借款等排在后面。

账户式资产负债表中的资产各项目的总计等于负债和所有者权益各项目的总计，即资产负债表左方和右方平衡。因此，通过账户式资产负债表，可以反映资产、负债、所有者权益之间的内在关系，即“资产＝负债＋所有者权益”。

资产负债表格式如表 7-1 所示。

二、资产负债表的编制方法

资产负债表的各项目均需填列“年初余额”和“期末余额”两栏。

资产负债表“年初余额”栏内各项数字，应根据上年末资产负债表的“期末余额”栏内所列数字填列。资产负债表的“期末余额”栏内各项数字的填列方法如下：

（1）根据总账账户的余额填列。资产负债表中的有些项目，可直接根据有关总账账户的余额填列，如“短期借款”“应付职工薪酬”“实收资本”等项目；有些项目，则需根据几个总账账户的余额计算填列，如“货币资金”项目，需根据“库存现金”“银行存款”“其他货币资金”三个总账账户余额合计填列。

（2）根据有关明细账户的余额计算填列。资产负债表中的有些项目（包括应收账款、预付账款、应付账款、预收账款），需要根据明细账户余额分析填列，如“应付账款”项目，需要分别根据“应付账款”和“预付账款”两个账户所属明细账户的期末贷方余额计算填列。

（3）根据总账账户和明细账户的余额分析计算填列。资产负债表的有些项目，需要依据总账账户和明细账户两者的余额分析填列，如“长期借款”项目，应根据“长期借款”总账账户余额扣除“长期借款”账户所属的明细账户中将在资产负债表日起一年内到期的长期借款后的金额填列。

表 7-1　资产负债表

会企 01 表

编制单位：　　　　　　　　　　　　年　月　日　　　　　　　　　　　金额单位：元

资产	期末余额	年初余额	负债和所有者权益（或股东权益）	期末余额	年初余额
流动资产：			流动负债：		
货币资金			短期借款		
以公允价值计量且其变动计入当期损益的金融资产			以公允价值计量且其变动计入当期损益的金融负债		
应收票据			应付票据		
应收账款			应付账款		
预付款项			预收款项		
应收利息			应付职工薪酬		
应收股利			应交税费		
其他应收款			应付利息		
存货			应付股利		
一年内到期的非流动资产			其他应付款		
其他流动资产			一年内到期的非流动负债		
流动资产合计			其他流动负债		
非流动资产：			流动负债合计		
持有至到期投资			非流动负债：		
长期股权投资			长期借款		
固定资产			应付债券		
在建工程			其他非流动负债		
工程物资			非流动负债合计		
固定资产清理			负债合计		
无形资产			所有者权益（或股东权益）：		
开发支出			实收资本（或股本）		
长期待摊费用			资本公积		
其他非流动资产			其他综合收益		
非流动资产合计			盈余公积		
			未分配利润		
			所有者权益（或股东权益）合计		
资产总计			负债和所有者权益（或股东权益）总计		

（4）根据有关账户余额减去其备抵账户余额后的净额填列。如资产负债表中的“应收账款”项目，应根据“应收账款”等账户的期末余额减去“坏账准备”账户余额后的净额填列；“固定资产”项目，应根据“固定资产”账户期末余额减去“累计折旧”“固定资产减值准备”账户余额后的净额填列；“无形资产”项目，应根据“无形资产”账户期末余额减去“累计摊销”“无形资产减值准备”账户余额后的净额填列。

（5）综合运用上述填列方法分析填列。如资产负债表中的“存货”项目，需根据“原

材料”“库存商品”“委托加工物资”“周转材料”“材料采购”“在途物资”“发出商品”“材料成本差异”等总账账户期末余额的分析汇总数，再减去“存货跌价准备”备抵账户余额后的金额填列。“未分配利润”项目，反映企业尚未分配的利润，应根据“本年利润”账户和“利润分配”账户的余额计算填列。

三、资产负债表的项目填列

1. 资产项目的填列

（1）“货币资金”项目，反映企业库存现金、银行存款、其他货币资金的合计数。本项目应根据“库存现金”“银行存款”和“其他货币资金”账户的期末余额合计填列。

（2）“以公允价值计量且其变动计入当期损益的金融资产”项目，反映企业持有的以公允价值计量且其变动计入当期损益的为交易目的所持有的股票、债券、基金和权证投资等金融资产。本项目应根据“交易性金融资产”账户和在初始确认时指定为以公允价值计量且其变动计入当期损益的金融资产账户的期末余额填列。

（3）“应收票据”项目，反映企业因销售商品、提供劳务等而收到的商业汇票（银行承兑汇票和商业承兑汇票）。本项目应根据“应收票据”账户的期末余额减去“坏账准备”账户中有关应收票据计提的坏账准备期末余额后的净额填列。

（4）“应收账款”项目，反映企业因销售商品、提供劳务等日常生产经营活动应收取的款项。本项目应根据“应收账款”和“预收账款”账户所属各明细账户的期末借方余额合计数，减去“坏账准备”账户中有关应收账款计提的坏账准备期末余额后的净额填列。如“应收账款”账户所属明细账户有期末贷方余额的，应当在“预收账款”项目填列。

小练习 7-1

天云企业“应收账款”账户月末借方余额 40 000 元，其中“甲公司”明细账户借方余额 35 000 元，“乙公司”明细账户借方余额 5 000 元。“预收账款”账户月末贷方余额 15 000 元，其中“A 工厂”明细账户贷方余额 25 000 元，“B 工厂”明细账户借方余额 10 000 元。

要求：计算企业月末资产负债表中“应收账款”项目的金额。

（5）“预付款项”项目，反映企业按照合同规定预付的款项，包括根据合同规定预付的购货款、租金、工程款等。本项目应根据“预付账款”和“应付账款”账户所属各明细账户的期末借方余额合计数，减去“坏账准备”账户中有关预付账款计提的坏账准备期末余额后的净额填列。如“预付账款”账户所属明细账户有期末贷方余额的，应当在“应付账款”项目填列。

小练习 7-2

2017 年 5 月 31 日，长虹企业“预付账款”总账账户有借方余额 350 000 元，有关明细账户有贷方余额 80 000 元；“应付账款”总账账户有贷方余额 400 000 元，有关明细账户有借方余额 50 000 元。计算：该企业在编制 5 月末的资产负债表时，“预付账款”项目的金额。

（6）“应收利息”项目，反映企业应收取的债券投资等的利息。本项目应根据“应收利息”账户的期末余额减去“坏账准备”账户中有关应收利息计提的坏账准备期末余额后的净额填列。

（7）“应收股利”项目，反映企业应收取的现金股利和利润。本项目应根据“应收股利”账户的期末余额减去“坏账准备”账户中有关应收股利计提的坏账准备期末余额后的净额填列。

（8）“其他应收款”项目，反映企业除应收票据、应收账款、预付账款、应收股利、应收利息等以外的其他各种应收及暂付的款项。本项目应根据“其他应收款”账户的期末余额减去“坏账准备”账户中有关其他应收款计提的坏账准备期末余额后的净额填列。

（9）“存货”项目，反映企业期末在库、在途和在加工中的各种存货的可变现净值，包括各种原材料、在产品、半成品、产成品、商品、周转材料（包装物、低值易耗品等）、委托代销商品等。本项目应根据“材料采购”“在途物资”“原材料”“材料成本差异”“生产成本”“库存商品”“商品进销差价”“委托加工物资”“周转材料”“委托代销商品”等账户的期末余额合计数，减去“代销商品款”“存货跌价准备”账户的期末余额后的净额填列。

小练习 7-3

甲公司期末“原材料”账户余额为 100 万元，“生产成本”账户余额为 70 万元，“材料成本差异”账户借方余额为 5 万元，“库存商品”账户余额为 150 万元，“委托代销商品”账户余额为 15 万元，“工程物资”账户余额为 200 万元。甲公司期末资产负债表中“存货”项目的金额为（　　）万元。

A．250　　B．320　　C．340　　D．540

（10）“一年内到期的非流动资产”项目，反映企业将于一年内到期的非流动资产项目金额。本项目应根据有关账户的期末余额分析填列。

（11）“长期股权投资”项目，反映企业准备长期持有的权益性投资。本项目应根据“长期股权投资”账户的期末余额减去“长期股权投资减值准备”账户的期末余额后的净额填列。

（12）“固定资产”项目，反映企业固定资产原价扣除累计折旧和减值准备后的净值。本项目应根据“固定资产”账户的期末余额减去“累计折旧”和“固定资产减值准备”账户期末余额后的净额填列。

（13）“在建工程”项目，反映企业期末各项未完工程的实际支出，包括交付安装的设备价值、未完建筑安装工程已经耗用的材料、工资和费用支出等项目的可收回金额。本项目应根据“在建工程”账户的期末余额减去“在建工程减值准备”账户期末余额后的净额填列。

（14）“工程物资”项目，反映企业尚未使用的各项工程物资的实际成本。本项目应根据“工程物资”账户的期末余额填列。

（15）“固定资产清理”项目，反映企业因出售、报废、毁损、对外投资等原因处置固定资产所转出的固定资产账面价值，以及在清理过程中发生的费用和变价收入等各项金额的差额。本项目应根据“固定资产清理”账户的期末借方余额填列，如“固定资产清理”账户期末为贷方余额，以“－”号填列。

（16）“无形资产”项目，反映企业无形资产的账面价值。本项目应根据“无形资产”账户的期末余额减去“累计摊销”和“无形资产减值准备”账户期末余额后的净额填列。

（17）“开发支出”项目，反映企业正在进行的无形资产研究开发项目满足资本化条件的支出。本项目应根据“研发支出”账户中所属的“资本化支出”明细账户期末余额填列。

（18）“长期待摊费用”项目，反映企业已经发生但应由本期和以后各期负担的分摊期限在一年以上的各项费用。长期待摊费用在一年内（含一年）摊销的部分，在“一年内到期的非流动资产”项目填列。本项目应根据“长期待摊费用”账户的期末余额减去将于一年内（含一年）摊销的数额后的金额分析填列。

（19）“其他非流动资产”项目，反映企业除以上非流动资产以外的其他非流动资产。本项目应根据有关账户的期末余额分析填列。

2. 负债项目的填列

（1）“短期借款”项目，反映企业向银行或其他金融机构等借入的期限在一年内（含一年）的、尚未偿还的各种借款本金。本项目应根据“短期借款”账户的期末余额填列。

（2）“应付票据”项目，反映企业因购买材料、商品和接受劳务等而开出、承兑的商业汇票（银行承兑汇票和商业承兑汇票）。本项目应根据“应付票据”账户的期末余额填列。

（3）“应付账款”项目，反映企业因购买材料、商品和接受劳务等经营活动尚未支付的款项。本项目应根据“应付账款”和“预付账款”账户所属各明细账户的期末贷方余额合计数填列，如“应付账款”账户所属明细账户期末有借方余额，应当在“预付账款”项目填列。

小练习 7-4

某企业“应付账款”明细账期末余额情况如下：“应付账款——X 企业”贷方余额为 200 000 元，“应付账款——Y 企业”借方余额为 180 000 元，“应付账款——Z 企业”贷方余额为 300 000 元。假如该企业“预付账款”明细账均为借方余额，根据以上数据计算的反映在资产负债表上“应付账款”项目的数额为（　　）元。

A．680 000　　B．320 000　　C．500 000　　D．80 000

（4）“预收款项”项目，反映企业根据合同规定预收的款项。本项目应根据“预收账款”

和“应收账款”账户所属各明细账户的期末贷方余额合计数填列。如“预收账款”账户所属明细账户期末为借方余额，应当在“应收账款”项目填列。

(5)“应付职工薪酬”项目，反映企业为获得职工提供的服务或解除劳动关系而给予的各种形式的报酬或补偿。企业提供给职工配偶、子女、受赡养人、已故员工遗属及其他受益人等的福利，也属于职工薪酬。职工薪酬主要包括短期薪酬、离职后福利、辞退福利和其他长期职工福利。本项目应根据“应付职工薪酬”账户期末余额填列。

(6)“应交税费”项目，反映企业期末未交、多交或尚未抵扣的各种税费。本项目应根据“应交税费”账户的期末贷方余额填列，如“应交税费”账户期末为借方余额，以“—”号填列。

(7)“应付利息”项目，反映企业应当支付的利息。本项目应根据“应付利息”账户的期末余额填列。

(8)“应付股利”项目，反映企业应付未付的现金股利或利润。本项目应根据“应付股利”账户的期末余额填列。

(9)“其他应付款”项目，反映企业除应付票据、应付账款、预收账款、应付职工薪酬、应交税费、应付利息、应付股利以外的其他各项应付、暂收的款项。本项目应根据“其他应付款”账户的期末余额填列。

(10)“一年内到期的非流动负债”项目，反映企业非流动负债中将于资产负债表日后一年内到期部分的金额，如将于一年内偿还的长期借款。本项目应根据有关账户的期末余额分析填列。

(11)“长期借款”项目，反映企业向银行或其他金融机构借入的期限在一年以上（不含一年）的各项借款。本项目应根据“长期借款”账户的期末余额分析填列。

(12)“应付债券”项目，反映企业为筹集长期资金而发行的债券本金（和利息）。本项目应根据“应付债券”账户的期末余额填列。

(13)“其他非流动负债”项目，反映企业除以上非流动负债项目以外的其他非流动负债。本项目应根据有关账户的期末余额减去将于一年内（含一年）到期偿还后的余额分析填列。

3. 所有者权益项目的填列

(1)“实收资本（或股本）”项目，反映企业收到投资者投入的资本（或股本）总额。本项目应根据“实收资本（或股本）”账户的期末余额填列。

(2)“资本公积”项目，反映企业资本公积的期末余额。本项目根据“资本公积”账户的期末余额填列。

(3)“其他综合收益”项目，反映企业其他综合收益的期末余额。本项目应根据“其他综合收益”账户的期末余额填列。

（4）“盈余公积”项目，反映企业盈余公积的期末余额。本项目根据“盈余公积”账户的期末余额填列。

（5）“未分配利润”项目，反映企业尚未分配的利润。本项目应根据“本年利润”和“利润分配”账户的余额计算填列。未弥补的亏损在本项目内以“－”号填列。

【例 7-1】东风工厂 2017 年 3 月 31 日有关账户期末余额如表 7-2 所示。

表 7-2　账户余额表

单位：元

账户	借方余额	贷方余额
库存现金	800	
银行存款	440 000	
应收账款	75 000	
坏账准备		375
原材料	423 500	
生产成本	134 000	
库存商品	72 000	
应收票据	60 000	
固定资产	820 000	
累计折旧		250 000
应付账款		83 000
实收资本		1 050 000
本年利润		84 000
利润分配	30 000	

要求：根据上述账户资料，填制资产负债表中的货币资金、应收账款、应收票据、存货、固定资产、应付账款、实收资本、未分配利润指标。

货币资金＝800＋440 000＝440 800（元）

应收账款＝75 000－375＝74 625（元）

存货＝423 500＋134 000＋72 000＝629 500（元）

应收票据＝60 000（元）

固定资产＝820 000－250 000＝570 000（元）

应付账款＝83 000（元）

实收资本＝1 050 000（元）

未分配利润＝84 000－30 000＝54 000（元）

【例 7-2】星星公司为增值税一般纳税人，其 2017 年 12 月 31 日有关账户余额如表 7-3 所示。

表 7-3 账户余额表

单位：元

账户名称	借方金额	账户名称	贷方金额
库存现金	14 800	短期借款	380 000
银行存款	200 000	应付账款	400 000
其他货币资金	60 000	应付职工薪酬	81 500
交易性金融资产	10 000	应交税费	43 800
应收票据	50 000	长期借款	344 000
应收账款	358 200	实收资本	1 100 000
在途物资	76 000	资本公积	200 000
原材料	100 000	盈余公积	77 400
周转材料	10 000	利润分配	25 300
库存商品	190 000	累计折旧	70 000
长期股权投资	500 000		
固定资产	961 000		
无形资产	192 000		

要求：编制 2017 年年末星星公司的资产负债表（表 7-4）。

表 7-4 资产负债表

会企 01 表

编制单位：星星公司　　　　2017 年 12 月 31 日　　　　单位：元

资产	期末余额	年初余额	负债和所有者权益（或股东权益）	期末余额	年初余额
流动资产：			流动负债：		
货币资金	274 800		短期借款	380 000	
以公允价值计量且其变动计入当期损益的金融资产	10 000		以公允价值计量且其变动计入当期损益的金融负债		
应收票据	50 000		应付票据		
应收账款	358 200		应付账款	400 000	
预付款项			预收款项		
应收利息			应付职工薪酬	81 500	
应收股利			应交税费	43 800	
其他应收款			应付利息		
存货	376 000		应付股利		
一年内到期的非流动资产			其他应付款		
其他流动资产			一年内到期的非流动负债		
流动资产合计	1 069 000		其他流动负债		

续表

资产	期末余额	年初余额	负债和所有者权益（或股东权益）	期末余额	年初余额
非流动资产：			流动负债合计	905 300	
持有至到期投资			非流动负债：		
长期股权投资	500 000		长期借款	344 000	
固定资产	891 000		应付债券		
在建工程			其他非流动负债		
工程物资			非流动负债合计	344 000	
固定资产清理			负债合计	1 249 300	
无形资产	192 000		所有者权益（或股东权益）：		
开发支出			实收资本	1 100 000	
长期待摊费用			资本公积	200 000	
其他非流动资产			其他综合收益		
非流动资产合计	1 583 000		盈余公积	77 400	
			未分配利润	25 300	
			所有者权益（或股东权益）合计	1 402 700	
资产总计	2 652 000		负债和所有者权益总计	2 652 000	

小练习 7–5

例题 7-2 中，若已知星星公司 2016 年年末有关账户余额如表 7-5 所示。

要求：填制该公司资产负债表中的年初余额栏（填入表 7-2 中的“年初余额”栏）。

表 7-5　账户余额表

单位：元

账户名称	借方金额	账户名称	贷方金额
库存现金	8 000	短期借款	180 000
银行存款	190 000	应付账款	410 000
交易性金融资产	20 000	应付职工薪酬	60 000
应收票据	180 000	应交税费	14 000
应收账款	219 200	长期借款	450 000
在途物资	36 000	实收资本	1 100 000
原材料	200 000	资本公积	200 000
低值易耗品	10 000	盈余公积	65 000
库存商品	30 000	利润分配	14 200
长期股权投资	500 000	累计折旧	50 000
固定资产	950 000		
无形资产	200 000		

【例 7-3】长江公司为增值税一般纳税人，适应的增值税税率为 17%。2016 年 12 月 31 日有关账户的余额如表 7-6 所示。

表 7-6　账户余额表

单位：元

账户名称	借方金额	贷方金额	账户名称	借方金额	贷方金额
库存现金	3 000		短期借款		100 000
银行存款	15 300		应付票据		10 000
应收账款	70 000		应付账款		65 000
坏账准备		300	长期借款		210 000
应收票据	6 000		实收资本		250 000
原材料	100 000		资本公积		53 000
库存商品	70 000		盈余公积		40 000
长期股权投资	160 000				
固定资产	350 000				
累计折旧		46 000			
合计	774 300	46 300	合计		728 000

2017 年 1 月长江公司发生如下经济业务：

（1）购进原材料 20 000 元，增值税税额为 3 400 元，款项尚未支付，材料验收入库。

（2）用银行存款支付应付票据款 8 000 元。

（3）以现金预借职工出差的差旅费 1 500 元。

（4）接受某单位投入的设备一台价值 50 000 元（不考虑增值税），投入的银行存款 100 000 元。

（5）本期归还长期借款 40 000 元。

要求：（1）根据上述经济业务编制会计分录。

（2）编制该企业 2017 年 1 月 31 日的资产负债表。

解析：编制上述经济业务的会计分录如下：

（1）借：原材料　20 000
　　　　应交税费——应交增值税（进项税额）　3 400
　　　　贷：应付账款　23 400

（2）借：应付票据　8 000
　　　　贷：银行存款　8 000

（3）借：其他应收款　1 500
　　　　贷：库存现金　1 500

（4）借：固定资产　50 000
　　　　银行存款　100 000
　　　　贷：实收资本　150 000

（5）借：长期借款　　40 000

　　贷：银行存款　　40 000

该公司 2017 年 1 月 31 日资产负债表如表 7-7 所示。

表 7-7　资产负债表

会企 01 表

编制单位：长江公司　　2017 年 1 月 31 日　　单位：元

资产	期末余额	年初余额	负债和所有者权益（或股东权益）	期末余额	年初余额
流动资产：			流动负债：		
货币资金	68 800	18 300	短期借款	100 000	100 000
以公允价值计量且其变动计入当期损益的金融资产			以公允价值计量且其变动计入当期损益的金融负债		
应收票据	6 000	6 000	应付票据	2 000	10 000
应收账款	69 700	69 700	应付账款	88 400	65 000
预付账款			预收账款		
应收利息			应付职工薪酬		
应收股利			应交税费	−3 400	
其他应收款	1 500		应付利息		
存货	190 000	170 000	应付股利		
一年内到期的非流动资产			其他应付款		
其他流动资产			一年内到期的非流动负债		
流动资产合计	336 000	264 000	其他流动负债		
非流动资产：			流动负债合计	187 000	175 000
持有至到期投资			非流动负债：		
长期股权投资	160 000	160 000	长期借款	170 000	210 000
固定资产	354 000	304 000	应付债券		
在建工程			其他非流动负债		
工程物资			非流动负债合计	170 000	210 000
固定资产清理			负债合计	357 000	385 000
无形资产			所有者权益（或股东权益）：		
开发支出			实收资本（或股本）	400 000	250 000
长期待摊费用			资本公积	53 000	53 000
非流动资产合计	514 000	464 000	其他综合收益		
			盈余公积	40 000	40 000
			所有者权益（或股东权益）合计	493 000	343 000
资产总计	850 000	728 000	负债和所有者权益（或股东权益）总计	850 000	728 000

第三节 利 润 表

利润表是指反映企业在一定会计期间的经营成果的会计报表。通过编制利润表可以帮助财务报表使用者全面了解企业的经营成果，分析企业的获利能力及盈利增长趋势，从而为其做出经济决策提供依据。

一、利润表的内容和结构

1. 利润表的内容

利润表反映的内容主要包括以下三个方面：

（1）营业利润。营业收入减去营业成本、税金及附加、销售费用、管理费用、财务费用、资产减值损失，加上公允价值变动收益（或减去公允价值变动损失）、投资收益（或减去投资损失），即为营业利润。

（2）利润总额。营业利润加上营业外收入，再减去营业外支出，即为利润总额。

（3）净利润。利润总额减去所得税费用，即为净利润。

2. 利润表的结构

我国企业利润表采用多步式结构。多步式利润表是通过对当期的费用按功能分类，按利润形成的主要环节列示一些中间性利润指标，分步计算当期净损益，便于报表使用者理解其经营成果的主要来源和构成。多步式利润表，可以反映收入、费用、利润之间的关系，即“收入－费用＝利润”。利润表的基本结构格式如表 7-8 所示。

表 7-8 利润表

会企 02 表

编制单位： 年 月 金额单位：元

项目	本期金额	上期金额
一、营业收入		
减：营业成本		
税金及附加		
销售费用		
管理费用		
财务费用		
资产减值损失		
加：公允价值变动收益（损失以“－”号填列）		
投资收益（损失以“－”号填列）		

续表

项目	本期金额	上期金额
二、营业利润（亏损以"－"号填列）		
加：营业外收入		
其中：非流动资产处置利得		
减：营业外支出		
其中：非流动资产处置损失		
三、利润总额（亏损总额以"－"号填列）		
减：所得税费用		
四、净利润（净亏损以"－"号填列）		

二、利润表的编制

1. 利润表的编制步骤

企业的利润表分以下三个步骤编制：

（1）以营业收入为基础，减去营业成本、税金及附加、销售费用、管理费用、财务费用、资产减值损失，加上公允价值变动收益和投资收益，计算出营业利润。

（2）以营业利润为基础，加上营业外收入，减去营业外支出，计算出利润总额。

（3）以利润总额为基础，减去所得税费用，计算出净利润。

2. 利润表的填列方法

利润表各项目均需填列"本期金额"和"上期金额"两栏。

在编制中期利润表时，"本期金额"栏应分为"本期金额"和"年初至本期末累计发生额"两栏，分别填列各项目本中期（月、季或半年）各项目实际发生额，以及自年初起至本中期（月、季或半年）末止的累计实际发生额。如编制2017年第三季度利润表，则表中"本期金额"栏为2017年7月1日～9月30日的金额，而"年初至本期末累计发生额"则为2017年1月1日～9月30日的金额。利润表"本期金额""上期金额"栏内各项数字，应当按照相关损益类账户的发生额分析填列。各项目具体填列方法如下：

（1）"营业收入"项目，反映企业经营主要业务和其他业务所确认的收入总额。本项目应根据"主营业务收入"账户和"其他业务收入"账户的发生额合计填列。

（2）"营业成本"项目，反映企业经营主要业务和其他业务所发生的成本总额。本项目应根据"主营业务成本"账户和"其他业务成本"账户的发生额合计填列。

（3）"税金及附加"项目，反映企业经营业务应负担的消费税、城市维护建设税、资源税、土地增值税、教育费附加及房产税、土地使用税、车船使用税、印花税等。本项目应根据"税金及附加"账户的发生额填列。

（4）"销售费用"项目，反映企业在销售商品过程中发生的包装费、广告费等费用和为销售本企业商品而专设的销售机构的职工薪酬、业务费等经营费用。本项目应根据“销售费用”账户的发生额填列。

（5）“管理费用”项目，反映企业为组织和管理生产经营发生的管理费用。本项目应根据“管理费用”账户的发生额填列。

（6）“财务费用”项目，反映企业为筹集生产经营所需资金等而发生的筹资费用。本项目应根据“财务费用”账户的发生额填列。

（7）“资产减值损失”项目，反映企业各项资产发生的减值损失。本项目应根据“资产减值损失”账户的发生额填列。

（8）“公允价值变动收益”项目，反映企业应当计入当期损益的资产或负债公允价值变动收益。本项目应根据“公允价值变动损益”账户的发生额填列。如为净损失，以“－”号填列。

（9）“投资收益”项目，反映企业以各种方式对外投资取得的收益。本项目应根据“投资收益”账户的发生额填列。如为投资损失，以“－”号填列。

（10）“营业利润”项目，反映企业实现的营业利润。如为亏损，以“－”号填列。

（11）“营业外收入”项目，反映企业发生的与经营业务无直接关系的各项收入。本项目应根据“营业外收入”账户的发生额填列。

（12）“营业外支出”项目，反映企业发生的与经营业务无直接关系的各项支出。本项目应根据“营业外支出”账户的发生额填列。

（13）“利润总额”项目，反映企业当期实现的利润总额。如为亏损总额，以“－”号填列。

（14）“所得税费用”项目，反映企业应从当期利润总额中扣除的所得税费用。本项目应根据“所得税费用”账户的发生额填列。

（15）“净利润”项目，反映企业当期实现的净利润。如为净亏损，以“－”号填列。

【例 7-4】大洋工厂 2017 年 7 月 31 日有关损益类账户本期发生额如表 7-9 所示（金额以万元为单位）。

表 7-9　损益类账户发生额

单位：万元

账户名称	借方发生额	贷方发生额
主营业务收入		3 000
主营业务成本	1 520	
其他业务收入		100
其他业务成本	150	
税金及附加	100	
销售费用	50	
管理费用	180	

续表

账户名称	借方发生额	贷方发生额
财务费用	20	
资产减值损失	150	
投资收益		70
营业外收入		90
营业外支出	40	
所得税费用	300	

要求：编制大洋工厂 2017 年 7 月份的利润表。

解析：大洋工厂 2017 年 7 月的利润表如表 7-10 所示。

表 7-10　利润表

会企 02 表

编制单位：大洋工厂　　2017 年 7 月　　单位：万元

项目	本期金额	上期金额（略）
一、营业收入	3 100	
减：营业成本	1 670	
税金及附加	100	
销售费用	50	
管理费用	180	
财务费用	20	
资产减值损失	150	
加：公允价值变动收益（损失以“－”号填列）		
投资收益（损失以“－”号填列）	70	
二、营业利润（亏损以“－”号填列）	1 000	
加：营业外收入	90	
其中：非流动资产处置利得		
减：营业外支出	40	
其中：非流动资产处置损失		
三、利润总额（亏损总额以“－”号填列）	1 050	
减：所得税费用	300	
四、净利润（净亏损以“－”号填列）	750	

【例 7-5】大洋工厂 2017 年 10 月 1～15 日有关损益类账户的发生额如表 7-11 所示（金额以万元为单位）。

表 7-11　损益类账户发生额

单位：万元

账户名称	借方发生额	贷方发生额
主营业务收入		400
主营业务成本	260	
其他业务收入		16
其他业务成本	10	
销售费用	14	
管理费用	21	
财务费用	12	
投资收益		22
营业外收入		5
营业外支出	2	

大洋工厂 2017 年 10 月 16～31 日发生如下经济业务：

（1）销售产品一批，价款 50 万元，增值税税额为 8.5 万元，款项收到存入银行。

（2）分配本月职工工资，其中生产工人工资 12 万元，车间管理人员工资 6 万元，厂部管理人员工资 1 万元，销售人员工资 3 万元。

（3）用存款支付厂部办公用品费 2 万元。

（4）计提本月固定资产折旧，车间用固定资产 6 万元，厂部固定资产折旧 3 万元。

（5）用存款支付销售产品广告费 2 万元和本月银行借款利息 2 万元。

（6）计提本月城市维护建设税 5 万元，教育费附加 0.5 万元。

（7）结转产品销售成本 22.5 万元。

（8）计算本月应交所得税 47 万元。

（9）将各损益类账户结转至“本年利润”账户。

要求：（1）根据上述经济业务编制会计分录。

（2）编制大洋工厂 10 月份的利润表。

解析：编制会计分录如下：

（1）借：银行存款　　58.5
　　　贷：主营业务收入　　50
　　　　　应交税费——应交增值税（销项税额）　　8.5

（2）借：生产成本　　12
　　　　制造费用　　6
　　　　管理费用　　1
　　　　销售费用　　3
　　　贷：应付职工薪酬——工资、奖金、津贴和补贴　　22

（3）借：管理费用　2
　　贷：银行存款　2
（4）借：制造费用　6
　　管理费用　3
　　贷：累计折旧　9
（5）借：销售费用　2
　　财务费用　2
　　贷：银行存款　4
（6）借：税金及附加　5.5
　　贷：应交税费——应交城市维护建设税　5
　　　　应交税费——应交教育费附加　0.5
（7）借：主营业务成本　22.5
　　贷：库存商品　22.5
（8）借：所得税费用　5
　　贷：应交税费——应交所得税　5
（9）借：主营业务收入　450
　　其他业务收入　16
　　投资收益　22
　　营业外收入　5
　　贷：本年利润　493
借：本年利润　407
　贷：主营业务成本　282.5
　　其他业务成本　10
　　税金及附加　5.5
　　销售费用　19
　　管理费用　27
　　财务费用　14
　　营业外支出　2
　　所得税费用　47

2017 年 10 月份利润表如表 7-12 所示。

表 7-12　利润表

会企 02 表

编制单位：大洋工厂　　2017 年 10 月　　单位：万元

项目	本期金额	上期金额（略）
一、营业收入	466	
减：营业成本	292.5	
税金及附加	5.5	
销售费用	19	
管理费用	27	
财务费用	14	
资产减值损失		
加：公允价值变动收益（损失以“－”号填列）		
投资收益（损失以“－”号填列）	22	
二、营业利润（亏损以“－”号填列）	130	
加：营业外收入	5	
减：营业外支出	2	
三、利润总额（亏损总额以“－”号填列）	133	
减：所得税费用	47	
四、净利润（净亏损以“－”号填列）	86	

练　习　题

一、单项选择题

1．资产负债表中“资产”项目按（　　）强弱确定排列顺序。

A．连续性　B．流动性　C．永久性　D．重要性

2．资产负债表是根据（　　）会计等式设计的。

A．资产＝负债＋所有者权益　B．资产＝负债－所有者权益

C．利润＝收入－费用　D．资产＝所有者权益

3．资产负债表主要提供企业月末（　　）的资料。

A．财务状况　B．经营成果　C．现金流量　D．利润总额

4．下列不属于资产负债表中“所有者权益”项目的是（　　）。

A．实收资本　B．资本公积　C．盈余公积　D．投资收益

5．下列不属于利润表中项目内容的是（　　）。

A．营业收入　B．营业成本　C．营业外收入　D．主营业务收入

6．资产负债表“期末余额”栏各项数字，应根据有关账户的（　　）填列。

A．期初余额　　B．期末余额

C．本期借方发生额　　D．本期贷方发生额

7．利润表中各项目，主要根据（　　）账户的发生额分析填列。

A．资产类　　B．负债类

C．所有者权益类　　D．损益类

8．资产负债表是反映企业在（　　）财务状况的会计报表。

A．某一特定时期　　B．某一特定会计期间

C．一定时间　　D．某一特定日期

9．根据“收入－费用＝利润”填列的会计报表是（　　）。

A．资产负债表　B．利润表　C．现金流量表　D．所有者权益变动表

10．编制资产负债表中“应付账款”项目时，应考虑（　　）的期末余额。

A．“应付账款”总账账户

B．“应付账款”各明细账户

C．“应付账款”各明细账户与“预付账款”各明细账户

D．“应付账款”与“预付账款”总账账户

11．下列不属于资产负债表中“存货”项目的是（　　）。

A．原材料　B．库存商品　C．生产成本　D．在建工程

12．如果企业月末“固定资产”账户余额为100万元，“累计折旧”账户余额为40万元，则月末资产负债表中“固定资产”项目填列的金额为（　　）万元。

A．100　B．60　C．140　D．40

二、多项选择题

1．资产负债表中，根据有关明细账余额分析填列的项目有（　　）。

A．应收账款　B．预付款项　C．应付账款　D．预收账款

2．资产负债表中的“流动资产”项目包括（　　）。

A．货币资金　B．应收账款　C．存货　D．固定资产

3．资产负债表中的“非流动资产”项目包括（　　）。

A．其他应收款　B．固定资产　C．无形资产　D．在建工程

4．资产负债表中的“流动负债”项目包括（　　）。

A．短期借款　B．应付账款　C．应付职工薪酬　D．应交税费

5．下列项目影响利润表中“营业利润”项目的有（　　）。

A．税金及附加　B．销售费用　C．管理费用　D．财务费用

6．利润表的内容通常有（　　）。

A．营业利润　　B．利润总额　　C．资产总额　　D．净利润

7．资产负债表中的“货币资金”项目的期末数，应根据（　　）账户期末余额的合计数填列。

A．“其他应收款”　　B．“库存现金”

C．“其他货币资金”　　D．“银行存款”

8．我国企业的利润表采用多步式，分步计算的利润指标有（　　）等。

A．营业利润　　B．利润总额　　C．净利润　　D．其他业务利润

9．（　　）统称为中期报表。

A．月度报表　　B．季度报表　　C．半年度报表　　D．年度报表

10．下列会计科目的余额，在编制资产负债表时应列入“存货”项目的有（　　）。

A．材料采购　　B．原材料　　C．库存商品　　D．生产成本

三、判断题

1．资产负债表的左方资产合计与右方负债合计是相等的。（　　）

2．资产负债表中的负债项目，按负债偿还期长短由短至长排列。（　　）

3．我国企业的资产负债表采用账户式结构，利润表采用多步式结构。（　　）

4．资产负债表是一种静态财务报表，利润表是一种动态财务报表。（　　）

5．企业发生的亏损，在利润表中通过“营业外支出”项目反映。（　　）

6．利润表可以反映企业月末、季末、年末财务状况和现金流量。（　　）

7．利润表中的利润总额是营业收入减去营业成本后的余额。（　　）

8．利润表中的“税金及附加”项目不包括增值税和所得税。（　　）

四、实务题

1．大洋企业2017年1月31日有关账户余额如表7-13所示。

表7-13　大洋企业账户余额

单位：元

资产	借方余额	权益	贷方余额
库存现金	1 800	短期借款	42 000
银行存款	26 000	应付账款	8 000
应收账款	33 000	应交税费	5 000
原材料	20 000	长期借款	24 000
库存商品	20 000	实收资本	250 000
固定资产	200 000	盈余公积	19 800
在途物资	8 000	利润分配	5 000
累计折旧	−5 000		
在建工程	50 000		
合计	353 800	合计	353 800

要求：（1）计算企业资产负债表中的货币资金、存货、流动资产、非流动资产、资产总额。

（2）计算企业资产负债表中的流动负债、非流动负债、负债总额、所有者权益总额。

2．小洋公司 2017 年 5 月损益类账户本月发生额如下：主营业务收入 1 250 000 元、主营业务成本 750 000 元、税金及附加 2 000 元、其他业务收入 3 000 元、其他业务成本 1 500 元、销售费用 20 000 元、管理费用 158 000 元、财务费用 41 500 元、营业外收入 25 000 元、营业外支出 24 000 元、所得税费用 58 000 元。

要求：（1）计算营业收入、营业成本、营业利润、利润总额和净利润指标。

（2）编制小洋公司 2017 年 5 月的利润表（表 7-14）。

表 7-14　利润表

会企 02 表

编制单位：　　　　　　　　　　　　年　　月　　　　　　　　　　　　单位：元

项目	本期金额	上期金额
一、营业收入		
减：营业成本		
税金及附加		
销售费用		
管理费用		
财务费用		
资产减值损失		
加：公允价值变动收益（损失以“－”号填列）		
投资收益（损失以“－”号填列）		
二、营业利润（亏损以“－”号填列）		
加：营业外收入		
减：营业外支出		
三、利润总额（亏损总额以“－”号填列）		
减：所得税费用		
四、净利润（净亏损以“－”号填列）		

3．华中电机有限公司为增值税一般纳税人，增值税税率为 17%，2017 年 6 月份发生下列经济业务：

（1）销售给振业有限公司 A 产品 100 件，单价 600 元，B 产品 50 件，单价 400 元，价税款收到存入银行。

（2）销售给利华股份有限公司 B 产品 30 件，单价 400 元，价税款尚未收到。

（3）以银行存款支付广告费 10 000 元。

（4）以银行存款支付办公用品费 2 000 元。

（5）结转本月销售产品的成本。A 产品的单位成本为 320 元，B 产品的单位成本为 196 元。

（6）计提本月应交的城市维护建设税 490 元，应交的教育费附加 210 元。

（7）应付蓝光有限公司的账款 2 400 元，因对方机构撤销确实无法支付，经批准列入营业外收入。

（8）由于自然灾害造成的丁材料损失 1 000 元，经批准转入营业外支出。

要求：（1）根据上述经济业务编制会计分录（包括将损益类账户结转至“本年利润”账户）。

（2）计算本月营业利润、利润总额。

（3）计算并结转当期应交的所得税费用（所得税税率为 25%）。

（4）编制华中电机有限公司 6 月份的利润表（表 7-15）。

表 7-15　利润表

会企 02 表

编制单位：　　　　　　　　　　年　　月　　　　　　　　　　单位：元

项目	本期金额	上期金额
一、营业收入		
减：营业成本		
税金及附加		
销售费用		
管理费用		
财务费用		
资产减值损失		
加：公允价值变动收益（损失以“－”号填列）		
投资收益（损失以“－”号填列）		
二、营业利润（亏损以“－”号填列）		
加：营业外收入		
减：营业外支出		
三、利润总额（亏损总额以“－”号填列）		
减：所得税费用		
四、净利润（净亏损以“－”号填列）		

4．大华工厂 2017 年 1 月份各项资料如下。

资料一：1 月初各账户期初余额如表 7-16 所示。

表 7-16　大华工厂 1 月初各账户期初余额

单位：元

账户	借方金额	贷方金额
库存现金	3 800	
银行存款	25 000	
应收账款	98 000	
原材料	45 000	
库存商品	40 000	
固定资产	210 800	
累计折旧		38 000
短期借款		50 000
应付账款		38 000
应付职工薪酬		800
应交税费		7 000
应付利息		800
实收资本		200 000
资本公积		30 000
盈余公积		48 000
利润分配		10 000
合计	422 600	422 600

资料二：1 月初各明细账户余额如下：

原材料——甲材料：期初结存 300 吨，单价 100 元，金额 30 000 元。

原材料——乙材料：期初结存 5 000 千克，单价 3 元，金额 15 000 元。

库存商品——A 产品：期初库存 250 件，总成本 25 000 元。

库存商品——B 产品：期初库存 100 件，总成本 15 800 元。

资料三：大华工厂 1 月份发生下列各项经济业务。

（1）2 日，收到华光工厂还来前欠货款 88 000 元，存入银行。

（2）2 日，仓库发出甲材料 10 吨，其中 A 产品耗用 4 吨，B 产品耗用 4 吨，车间耗用 2 吨（材料按实际成本计算，单位成本 100 元，下同）。

（3）3 日，仓库发出乙材料 2 000 千克（材料按实际成本计算，单位成本 3 元，下同），全部用于 A 产品生产。

（4）4 日，购进甲材料 20 吨，价款总计 2 000 元，增值税税额为 340 元，全部用银行存款支付，材料验收入库。

（5）5 日，开出转账支票支付税金 7 800 元。

（6）6 日，开出转账支票 40 000 元，归还短期借款。

（7）7 日，购进乙材料 1 000 千克，价款 3 000 元，增值税税额为 510 元，货款及税金以银行存款支付。

（8）8日，7日所购乙材料验收入库，结转其实际采购成本。

（9）9日，以银行存款归还前欠大明工厂货款28 000元。

（10）9日，以现金购入车间劳保用品800元投入使用。

（11）9日，发出甲材料100吨，其中生产A产品耗用20吨，生产B产品耗用70吨，车间一般消耗10吨。

（12）9日，销售A产品150件，单价180元计27 000元，应交增值税4 590元，全部收到，存入银行。

（13）9日，以银行存款2 000元支付B产品广告费。

（14）9日，以现金400元支付A产品的运杂费。

（15）9日，销售B产品100件，单价250元计25 000元，销项税额4 250元，全部收到存入银行。

（16）10日，用银行存款购进一台不需安装的机器，价款20 000元，增值税税额为3 400元，当即交付使用。

（17）10日，从银行提取现金62 000元，以备发放职工工资。

（18）10日，以现金62 000元发放职工工资。

（19）11日，以现金160元支付车间办公用品费。

（20）11日，销售A产品50件，单价180元计9 000元，增值税税额为1 530元，款项收到存入银行。

（21）12日，开出支票1 200元偿还前欠货款。

（22）12日，购进乙材料1 000千克，价款3 000元，增值税税额为510元，以银行存款支付，材料尚在运输途中。

（23）13日，开出现金支票300元提取现金。

（24）14日，销售A产品50件，单价180元计9 000元，销项税额1 530元，款项收到存入银行。

（25）18日，12日所购乙材料1 000千克验收入库，结转其实际采购成本。

（26）19日，以现金支付行政人员王平出差预借差旅费400元。

（27）26日，王平出差归来，报销差旅费360元，余款退回现金

（28）31日，结算本月工资，其中生产A产品工人工资25 000元，生产B产品工人工资25 000元，车间管理人员工资5 000元，企业管理部门人员工资5 000元。

（29）31日，按工资总额的12%计提社会保险费。

（30）31日，计算本月电费，A产品用2 000元，B产品用1 800元，车间照明用256元，行政管理部门照明用200元，款项未付。

（31）31日，分配本月水费，车间用108元，行政管理部门用260元，款项未付。

（32）31日，计提本月固定资产折旧，车间固定资产应提1 880元，厂部固定资产应提

1 200 元。

（33）31 日，分配并结转本月制造费用（按生产工人工资比例分配）。

（34）31 日，本月投入生产 A 产品 440 件，B 产品 265 件，已全部完工，结转完工产品的制造成本。

（35）31 日，结转已销 A 产品 250 件，B 产品 100 件的实际销售成本（按加权平均法计算，单价如果除不尽，四舍五入保留 4 位小数）。

（36）31 日，收到某厂交来罚款 400 元存入银行。

（37）31 日，结转有关损益类账户。

（38）31 日，按 25%的所得税税率计算结转本月应交的所得税（不存在纳税调整事项）。

（39）31 日，按净利润的 15%提取盈余公积。

（40）31 日，向投资者分配利润 5 000 元，尚未支付。

要求：（1）根据上述经济业务，编制会计分录。

（2）编制科目汇总表（每 10 天汇总一次）。

（3）登记银行存款日记账。

（4）根据科目汇总表登记“原材料”“应收账款”“应付账款”“银行存款”“生产成本”的总分类账。

（5）登记“原材料”“生产成本”的明细账。

（6）编制大华工厂 1 月份的资产负债表。

（7）编制大华工厂 1 月份的利润表。

参 考 文 献

高席兰，2010．会计基础[M]．北京：科学出版社．

华泽会计组，2014．会计基础[M]．上海：立信会计出版社．

会计从业资格考试研究组，2015．会计基础[M]．北京：清华大学出版社．

谭清风，2013．会计基础[M]．北京：清华大学出版社．

肖燕，2012．基础会计[M]．大连：东北财经大学出版社．

周会林，2015．基础会计[M]．2 版．北京：机械工业出版社．